体育・部活動指導の基本原則

スポーツ基本法の理念を活かす

はしがき

　本書は、季刊教育法172号（2012年3月）から178号（2013年9月）まで「スポーツ基本法が示す「体育・スポーツ指導者」のあり方」という連載テーマで各執筆者が専門領域から執筆した論文を中心にまとめたものです。ただし、全体構成を整えるために第1章、第8章、第10章は書き下ろしました。

　2011年6月に制定されたスポーツ基本法は、その11条で指導者その他のスポーツの推進に寄与する人材の養成と資質向上策を定めています。

　いいかえれば、この規定はスポーツ文化を発展させる人材の養成と指導者自身の資質向上を推進していく必要があることを示しているものと言えます。

　そして、16条ではスポーツに関する科学的な研究の推進を定めています。かつてスポーツ指導者は自らの経験や勘を頼りに指導を行い一定の成果を出していたときもありました。しかし、2001年に国立スポーツ科学センター（以下、JISS）が設立され、スポーツの国際競技力向上に向けたスポーツ医・科学研究が進み、その研究成果は国際大会での日本選手の活躍で証明済みです。

　では、JISSを利用するアスリートになるまでの資質能力、技量を培う機関、つまり学校体育や部活動において科学的な視点からの指導方法が十分に確立しているでしょうか。残念ながら十分とはいえない現実があると思います。例えば、部活動練習中の選手の体調や技量を無視した指導でケガをしたり、重篤な事故をもたらす例が多々あることがその事実を示しています。

スポーツ基本法17条が定める「学校における体育の充実」は、当然に前16条のスポーツに関する科学的研究の成果が反映されなければなりません。

　学校体育は教育課程として行われています。また部活動は教育課程外として行われている日本独特の文化でもあります。その部活動で近年再び指導者による「体罰」、部員同士のいじめ、上級生の暴力等々が問題になってきました。暴力的指導の中には「科学的視点」は存在しません。また、部活動中に個人の尊厳の侵害が繰り返されている状況を放置することはスポーツ文化の発展に支障を来すことになります。

　本書は、スポーツ基本法が定める「スポーツは世界共通の人類の文化」を発展させるために科学的思考力を学校体育、部活動の中でどう実践したら良いかという問題意識の中で生まれたものです。体育教師、部活動顧問、さらには体育大学の学生、地域のスポーツ推進委員の方々にもぜひ考えて欲しい内容になっています。

　なお、本書は各章執筆者と書き方、内容を統一した形で出版したものではありません。執筆者全員が執筆代表者としての責任をもつものであることをお断りしておきます。

　最後に、エイデル研究所の本作りには定評のある山添路子さんが、季刊教育法連載時から単行本になるまで編集をしてくれたことに感謝申しあげます。

執筆者を代表して

入澤　充

● 執筆者紹介 (執筆順)

入澤　充　　　国士舘大学教授　〈第1章執筆〉　＝編者

櫻田 淳也　　東京女子体育大学教授　〈第2章執筆〉

細越 淳二　　国士舘大学教授　〈第3章執筆〉

眞鍋 知子　　了徳寺大学教授　〈第4章執筆〉

筒井 孝子　　東京女子体育大学准教授　〈第5章執筆〉

佐伯 徹郎　　日本女子体育大学准教授　〈第6章執筆〉

髙井 和夫　　文教大学准教授　〈第7章執筆〉

山田 ゆかり　スポーツライター、早稲田大学スポーツ科学部
　　　　　　　非常勤講師　〈第8章執筆〉

森　　克己　　鹿屋体育大学准教授　〈第9章執筆〉

井手 裕彦　　読売新聞大阪本社編集委員、羽衣国際大学客員教授、
　　　　　　　公益財団法人日本障がい者スポーツ協会評議員
　　　　　　　〈第10章執筆〉

もくじ

- はしがき
- 執筆者紹介

第1章 スポーツ基本法の理念を体育・スポーツ指導に活かす　10
入澤　充

1. 学校体育とスポーツの関係 …………………………… 10
2. 教科としての学校体育の性格 ………………………… 12
3. 体育教師の役割 ………………………………………… 13
4. 教育責任と法的責任 …………………………………… 14
5. 部活指導者の責任と法的責任 ………………………… 15
6. 部活動指導中の体罰は暴行罪 ………………………… 17

第2章 体育教員・スポーツ部活動指導者の教育責任と法的責任　22
櫻田淳也

1. 部活動（体育）指導の在り方 ………………………… 22
2. 部活動の課題 …………………………………………… 23
3. アスリート・ファースト ……………………………… 27
4. 学校におけるスポーツ権行使 ………………………… 27
5. スポーツ指導者の教育責任と法的責任 ……………… 28

第3章 体育科教育からのアプローチ　34
細越淳二

　はじめに ………………………………………………………………… 34
　1. 体育授業で何を学ぶのか ………………………………………… 35
　2. 運動は仲間づくり〜体育授業を通した肯定的な
　　 学級集団育成の可能性〜 ………………………………………… 38
　3. 体育授業と学級経営を意識した授業づくり …………………… 41
　4. 体育授業の可能性〜教師の言葉かけの分析から〜 ………… 42
　おわりに ………………………………………………………………… 44

第4章 日常生活と心身のバランス　46
眞鍋知子

　はじめに ………………………………………………………………… 46
　1. 体内時計による生活リズム ……………………………………… 46
　2. 血糖値による体内の変化 ………………………………………… 49
　3. 体力と健康状態の維持 …………………………………………… 53

第5章 スポーツ選手への栄養・食事指導　58
筒井孝子

　はじめに ………………………………………………………………… 58
　1. 糖質の効果的な摂取を指導する ………………………………… 59
　2. サプリメント摂取についての指導 ……………………………… 60
　3. 貧血予防の指導 …………………………………………………… 63
　4. ビタミン摂取に関する指導 ……………………………………… 65
　5. 食事提供者への指導 ……………………………………………… 68

第6章 体育・スポーツにおける生理学的指標の活用例　70
佐伯徹郎

はじめに ·· 70
1. 合理的な持久力トレーニングのために活用できる
   指標について ·· 71
2. 無理なくスタミナアップ・シェイプアップできる運動
   強度について ·· 73
3. 適切な運動強度を把握するために ························· 76
4. 無理なく効果的にスタミナアップする方法
   〜"ややきついインターバル"の紹介〜 ················· 78
おわりに ·· 80

第7章 スポーツ心理学からのアプローチ　84
高井和夫

はじめに ·· 84
1. 社説に見る指導者に関わる事件 ··························· 86
2. 求められる指導者の資質とは ······························· 87
3. スポーツ権を保障する指導者のあり方 ·················· 88
4. コーチ教育プログラム
   （Coach Effectiveness Training：CET）············ 90
まとめにかえて ·· 92

第8章 セクシュアルハラスメントとスポーツ基本法　96
山田ゆかり

- はじめに 96
- 1. 15選手の告発の意義 97
- 2. 体罰横行の背景 99
- 3. 改革の方向性 101
- 4.「セクハラ」は「パワハラ」と別なのか 103
- 5. 改革の兆し 104
- まとめ 105

第9章 イギリスのチャイルド・プロテクション制度に倣う体罰問題への対応のあり方　108
森　克己

- はじめに 108
- 1. スポーツ基本法等の観点から見た
  スポーツにおける体罰・セクハラ 109
- 2. スポーツにおける子どもに対する暴力への国際的取組 110
- 3. イギリススポーツ団体のＣＰ制度の概要 113
- 4. イギリススポーツ団体のＣＰ制度からの示唆及び
  今後の課題 116

第10章 オリンピック・パラリンピック選手への支援の課題　122
井手裕彦

- 1. スポーツ基本法施行後、初のオリンピック 122
- 2. 五輪選手に対する国の支援の方向は 125

3. 指導者のあるべき姿、競技団体の姿勢は 127
　　4. パラリンピック選手の強化、支援は 132

◆ 関連資料

　　1. スポーツ基本法 138
　　2. スポーツ立国戦略の概要 148
　　3. 独立行政法人日本スポーツ振興センター法 149
　　4. 独立行政法人日本スポーツ振興センター法施行令 160
　　5. 独立行政法人日本スポーツ振興センターに関する省令 169
　　6. 食育基本法 182
　　7. 「スポーツ界における暴力行為根絶宣言」 190
　　8. 体罰の禁止及び児童生徒理解に基づく指導の徹底について（通知）.. 194

　　初出一覧 199

1 スポーツ基本法の理念を体育・スポーツ指導に活かす

入澤　充
Mitsuru IRISAWA

1. 学校体育とスポーツの関係

　2011年6月に制定されたスポーツ基本法(以下、基本法)[1]の最大の特色は、スポーツを「世界共通の人類の文化」としてとらえたことと「スポーツは、これらを通じて幸福で豊かな生活を営むことが人々の権利」であるとした点である。本法は1961年に制定されたスポーツ振興法(以下、振興法)の改訂法律であるが、当時の振興法には、「文化」や「人々の権利」という文言は入っておらず、スポーツ振興についての規定がなされていただけであり、スポーツの理念＝あるべき姿も定められていなかった。

　また、日本は学校教育において教科としての体育があり、かつ学校の教科外活動としてスポーツ部活動が行われている。このことから体育は、教育を受ける権利の一環として存在し、スポーツ部活動もまた教育を受ける権利の一環として行われているということになる[2]。学説的には、「主に学校における「体育・スポーツ」が憲法26条の"教育を受ける権利を根拠"とする人権(権利)と考えられる」という主張がその強い根拠として支持されるだろう[3]。

　このように体育とスポーツが学校教育で体系的・計画的に行われて

きているが、実はその関係はあまり整理されずにいた。しかし、体育教員がスポーツ部活動の指導者又は顧問となることが多い学校現場で、体育とスポーツの異同性については、基本法2条の理念と共に以下の言説で解決が出来よう。

国際オリンピック委員会委員であった岡野俊一郎氏は「スポーツはゆとりから生まれる遊び」と言い、さらに「スポーツの中には必ず教育的要素があるんです。人間には向上心がある。うまくなりたい。それから競争心がある。やる以上は勝ちたい。その中には自己規制、節制、そういう要素が入っていますから、そういう部分を教育的要素として取り出すと体育になるんですね。だから、僕はスポーツというのは、体育を包含したより大きな文化」[4]であると体育とスポーツの関係を述べていた。

学校体育とスポーツの関係性について岡野氏が言及してから17年経過したが、この間、学校スポーツ部活動が教育文化として定着してくる中で、基本法17条で学校体育の充実が定められたことにより、体育とスポーツの関係が明確に整理されたともいえるのである。基本法17条は「国及び地方公共団体は、<u>学校における体育</u>が青少年の心身の健全な発達に資するものであり、かつ、<u>スポーツ</u>に関する技能及び生涯にわたってスポーツに親しむ態度を養う上で重要な役割を果たすものであることに鑑み、<u>体育に関する指導の充実</u>、体育館、運動場、水泳プール、武道場その他のスポーツ施設の整備、体育に関する教員の資質の向上、地域におけるスポーツ指導者等の活用その他の必要な施策を講ずるよう努めなければならない。」（下線、筆者）とした。

この規定で体育が青少年の心身の健全な発達に資するとし、かつ、スポーツに関する技能及び生涯にわたってスポーツに親しむ態度を養う上で重要な役割を学校教育に求めたのである。

2. 教科としての学校体育の性格

　学校教育は学習指導要領を根拠にして教育課程が編成されることになっているが、最新の学習指導要領、小学校体育の目標では「心と体を一体としてとらえ、適切な運動の経験と健康・安全についての理解を通して、生涯にわたって運動に親しむ資質や能力の基礎を育てるとともに健康の保持増進と体力の向上を図り、楽しく明るい生活を営む態度を育てる。」こととしたが、基本法17条が定める「体育」の意義は学習指導要領でその性格が明らかになっているといえよう。
　中学校の保健体育の目標では「心と体を一体としてとらえ、運動や健康・安全についての理解と運動の合理的な実践を通して、生涯にわたって運動に親しむ資質や能力を育てるとともに健康の保持増進のための実践力の育成と体力の向上を図り、明るく豊かな生活を営む態度を育てる。」としている。
　以上のように、小学校・中学校では体育で運動能力を養うこととされているが、ようやく高校になって「スポーツ」という文言が、以下のように記されることになった。「運動の合理的、計画的な実践を通して、知識を深めるとともに技能を高め、運動の楽しさや喜びを深く味わうことができるようにし、自己の状況に応じて体力の向上を図る能力を育て、公正、協力、責任、参画などに対する意欲を高め、健康・安全を確保して、生涯にわたって豊かなスポーツライフを継続する資質や能力を育てる。」。
　つまり、学校教育においては高校段階で「スポーツライフ」を継続する資質を養うために体育を行うこととされているのである。

3. 体育教師の役割

　体育を通して心身の健全な発達を図り、豊かなスポーツライフに導くのは体育教師の役目である。基本法17条の「体育における指導の充実」は、以下のような体育教育に必要な専門的知識を持った有資格者によって展開されることになる。

　すなわち、体育授業は、教育職員免許法に基づき教員の資格を有した者があたるが、教育職員免許法では、例えば中学校の体育教員になるための免許教科は保健体育であり、教職課程で履修しなければならない科目は、体育実技においては「「体育原理、体育心理学、体育経営管理学、体育社会学、体育史」及び運動学（運動方法学を含む。）、生理学（運動生理学を含む。）、衛生学及び公衆衛生学、学校保健（小児保健、精神保健、学校安全及び救急処置を含む。）」となっている。さらに保健分野としては「生理学及び栄養学、衛生学及び公衆衛生学、学校保健（小児保健、精神保健、学校安全及び救急処置を含む。）」の各科目である。

　体育教師になるためには、上記の科目で基本的な知識と技術を習得し、さらに教師として必要な能力、幅広い教養、人間的魅力を身につけるための授業科目である教職関連科目の他に、例えば、法学、哲学、心理学、社会学等々の科目を履修した者が学校現場に立って未来の主権者（生活者）の心身の健全な発達に寄与することが「体育教師の仕事」となる。

　学校教育法37条11項は、教師の教育責任について定めているが、体育の教科指導は、上記のような内容を単位として修得した者があたることになっているのである。

　そして、単位として修得した以上、教育責任を果たしている中で事故が発生した際には法的責任が生じてくることも認識しておく必要がある。

4. 教育責任と法的責任

　教師の教育責任には、教科指導、生活指導、進路指導などが含まれるが、この責任に付随して以下のような行為を行った場合前述した法的責任が追及されることがある。つまり、学校管理下で教育活動中に、子どもが、身体的、精神的、財産的損害の及ぶような事故に遭遇した際、その原因が学校、教師にあるとしたら刑事責任、民事責任といった法的責任が追及されることもある。

　たとえば、水泳の体育授業中に高校生が教師の指導を無視して飛び込み、第6頸椎脱臼骨折、第7頸椎破裂骨折による頸髄損傷の重篤な後遺障害を残した高校生が、学校設置者に損害賠償を求めた裁判で、大分地裁は平成23年3月30日に「Y教諭には、上記事故を防止するために、プールサイドで継続的に生徒らを監視するとともに、危険行為に及ぶ生徒を発見した場合には、これを制止すべき注意義務を負っていたと認められ、Y教諭においてプールサイドを離れなければならない事情がある場合には、それが短時間であったとしても、監視を解く前に、生徒らに対しあらためて飛び込み禁止等の危険行為を厳重に禁止したり、あるいは未然に防止するための措置を講じるべき注意義務があった」として県に損害賠償の支払いを命じた裁判がある[5]。

　この注意義務は、未然防止と事後措置義務（再発防止義務を含む）の両面から理解しておく必要がある。最高裁は、体育授業で水泳中、重篤な後遺障害を残した中学生の事故に対して「学校の教師は、学校における教育活動により生ずるおそれのある危険から生徒を保護すべき義務を負つており、危険を伴う技術を指導する場合には、事故の発生を防止するために十分な措置を講じるべき注意義務があることはいうまでもない。」[6]と判示している。

　これらの判例から学ぶことは、大分地裁の判決からは、生徒が危険

な行為をしないか常に監視をし、そのような危険な行為をしないように授業中注意を傾けることが大切になる。また、最高裁の判決からは、危険な技術が伴う場合には、生徒一人ひとりの能力、技術力等を的確に把握し、教師の指示を無視したり、従わない場合には適切な指導を行うことが要求され、これらは「教師の指導力」として必要な能力になる。つまり、体育教師として必要な資質能力は、単に実技指導を行うだけではなく、子どもの安全に配慮したり、注意を払ったりすることも求められているということである。

以上のように、基本法17条の意義は、教師が、教育責任を果たすために教育基本法9条が定める研究と修養を実践し、法的側面からの知識である安全配慮義務、注意義務についての法理論を身につけることで体育指導が充実していくことになると言えよう。

5. 部活指導者の責任と法的責任

学校で行われる運動部活動は、日本の文化として発展してきていると言える[7]。しかし、昨今勝利を求めるあまり体罰（暴行）を含む厳しい指導をしたり、明らかに部員の体力を無視した指導、天候を無視した指導で死亡事故も多発している現実がある。

部活動中の事故は、そのスポーツが内在する危険を当事者同士が同意しているから違法性は阻却されるという特殊性は適用されず、加害相手及び指導者の過失責任が問われることもある。

例えば、クラブ活動中に落雷に遭って重篤な症状に陥った被害生徒が学校に損害賠償請求を行った裁判で、最高裁は「教育活動の一環として行われる学校の課外のクラブ活動においては、生徒は担当教諭の指導監督に従って行動するのであるから、担当教諭は、できる限り生徒の安全にかかわる事故の危険性を具体的に予見し、その予見に基づ

いて当該事項の発生を未然に防止する措置を執り、クラブ活動中の生徒を保護すべき注意義務を負うものというべきである。」[8]と判示した。

　また、前述したように教員資格を単位として修得した以上、教育責任を果たしている中で事故が発生した際には法的責任が生じてくるということに関して、裁判所が厳しく教師の行為を戒めた判決がある。中学校野球部員が熱中症で死亡してしまった事件で「被告人は、大学の体育学部において運動生理学等の専門教育を受け、保健体育の教員として生徒に熱中症について教えるとともに、教育委員会などからも再々熱中症についての注意を喚起されるなどしていたものであって、熱中症の発生機序や発症時の対処方法などには相当程度の知識を有していたと認められるにもかかわらず、判示のとおり、炎天下における持久走を実施するに当たり、部員の健康状態への配慮に欠け、適切な救護措置を執りうる態勢にも欠けていたのであるから、体力的に十分の成長を遂げているとはいい難い中学生の部活動の指導を託された者として、その注意義務の懈怠は、厳しく非難されても仕方がないというべきである。被害者の尊い生命を奪った本件の結果が重大なものであることはいうまでもなく、わずか13歳という春秋に富む年齢にしてその生涯を閉じるに至った被害者の無念は察するに余りある。また、被害者の母親は、毎日被害者のいない家に帰るのはつらく、被害者の死亡したときのことばかり考えてしまい、精神的に追いつめられていると検察官に述べ、さらに被害者はその無限を秘めた将来を奪われ、自分たちは日常生活の中で、笑ったりけんかしたりしながら我が子の成長を見届けるという、親として味わうことができたはずのごく平凡な幸せさえ永久に奪い取られた、被告人に対しては厳罰を求めると当公判廷でも陳述しているのであって、我が子に先立たれた父母ら、残された遺族の悲嘆は深く、その処罰感情は厳しいところである。以上の点からすれば、本件について被告人の刑事責任は重いといわざるを得ない。」と、罰金40万円の判決を言い渡した判例もある[9]。

6. 部活動指導中の体罰は暴行罪

　大阪市立桜宮高校バスケットボール部顧問の激しい体罰により死を選んでしまった男子生徒が顧問にあてた手紙は、その暴行の激しさを物語る[(10)]。事件発覚後も体罰問題は引き起こされ部活動中の指導者の体罰＝暴行は根が深いものとなっている。そのような中、文部科学省に運動部活動の在り方に関する調査研究協力者会議が設置され、2013年5月27日に「運動部活動の在り方に関する調査研究報告書～一人一人の生徒が輝く運動部活動を目指して～」が公表された。

　報告書は、「ガイドライン」を示し「スポーツの指導において体罰を行うことは、このようなスポーツの価値を否定し、フェアプレーの精神、ルールを遵守することを前提として行われるスポーツと相いれないものであり、スポーツのあらゆる場から根絶されなければなりません。

　現にトップアスリートとして活躍する者の中で、指導において体罰を受けた経験がないと述べる者がいるように、優れた指導者、適切な指導を行える指導者は、体罰を行うことなく技能や記録の向上で実績をあげており、スポーツの指導において体罰は不必要です。

　運動部活動の指導者は、これまでに熱心な取組、適切な指導方法によって多くの成果をあげてきましたが、指導に当たって、学校教育法で禁止されている体罰を厳しい指導として正当化するような認識があるとしたら、それは誤りであり、許されないものです。

　また、指導に当たっては、生徒の人間性や人格の尊厳を損ねたり否定したりするような発言や行為は許されません。

　今後、運動部活動の全ての指導者は、体罰は決して許されないとの意識を徹底してもち、適切な内容や方法により指導を行っていくことが必要です。

一方、熱心に、かつ、適切に指導を行ってきた指導者からは、今後の運動部活動での指導に当たって、体罰等の許されない指導とあるべき指導の考え方について整理を望む声があります。」としている。部活動指導者はこのガイドラインを正確に把握して、指導に当たることが重要だろう。
　そして、桜宮高校事件の前に、同じような事件が発生していることを指導者達は学習しなければならない。高校陸上部活動中、顧問教師の体罰によって自死を選んでしまった女子高校生の両親が学校設置者に対し損害賠償を求めた裁判で、被告県は、部活動中「当然に厳しい指導や練習が前提とされているので、指導者と選手との関係においては、指導者の選手に対するある程度のしっ責あるいは有形力の行使も選手を鍛えるための一手段として許容されており（このような指導者と選手の出会いがスポーツの社会における条理である。）」と主張したが、裁判所は当然にこの主張を「多少のしごきや体罰近似の指導を事前に生徒が包括的に甘受するといった相互了解があると認めることは到底できず、また、そのような相互了解があってはならない」と斥けている。そして、「前述の部活動の教育的意義に鑑み、そこにいう部活動の厳しさとは、生徒各人がそれぞれ自己の限界に挑むという汗まみれの努力を通して、より深い人間的つながりを形成しながら、それを基盤として助け合い、励まし合う中で、生徒が自己の限界に厳しく取り組み、それを自分の力で克服していくという意味の厳しさであって、決して、指導者の過剰なしっ責やしごき、無計画に行われる猛練習や長時間の練習といったものを意味するものではないというべきである。」[11]と判示した。このような裁判所の指摘も重く受け止める必要がある。
　最後に、教育は人格の完成を目指して行う（教育基本法１条）ことを目的とした。そしてスポーツ基本法２条２項では「スポーツは、とりわけ心身の成長の過程にある青少年のスポーツが、体力を向上さ

せ、公正さと規律を尊ぶ態度や克己心を培う等人格の形成に大きな影響を及ぼす」と定めている。この両者の「人格」の意味と意義を体育・スポーツ指導者は常に意識して指導を行うことが求められていることを強調しておきたい。

注

(1) 制定過程の詳細については、日本スポーツ法学会編（2011）『詳解 スポーツ基本法』成文堂参照。
(2) 学校部活動が教育目的達成の一環として行われているという見解は、最高裁も「教育活動の一環として行われる学校の課外のクラブ活動」（第2小法廷平成18年3月13日判決、最高裁判例検索ページ）としている。また、日本学生野球憲章は、前文で「国民が等しく教育を受ける権利をもつことは憲法が保障するところであり、学生野球は、この権利を実現すべき学校教育の一環として位置づけられる。この意味で、学生野球は経済的な対価を求めず、心と身体を鍛える場である。

　学生野球は、各校がそれぞれの教育理念に立って行う教育活動の一環として展開されることを基礎として、他校との試合や大会への参加等の交流を通じて、一層普遍的な教育的意味をもつものとなる。学生野球は、地域的組織および全国規模の組織を結成して、このような交流の枠組みを作り上げてきた。」としている。
(3) 永井憲一（1994）「国の『文化』としてのスポーツ―スポーツ法学の対象・方法とその課題―」日本スポーツ法学会年報第1号、41頁。
(4) スポーツのひろば245号（1994年1月号）、11頁。
(5) 最高裁判例検索HP。
(6) 最高裁昭和62年2月6日第二小法廷判決、最高裁判例検索HP。
(7) 岐阜地裁は「部活動とクラブ活動とは、共に興味や関心を同じくする生徒が、学年やホームルームの所属を離れて、集団を組織し、その集団を単位に活動するものである点で、両者の基本的な性格や指導原理は同じであるばかりか、部活動が、中等教育の発足以来今日に至るまでの長い歴史を通して、常に学校の正規の教育課程の枠外に置かれていたにもかかわらず学校における活動として存続発展

してきた理由はその教育的意義が高く評価されたからであること、この部活動が持つ教育的な意義は、共通の興味や関心を軸として自発的に集まった同好の生徒が、共通の目標を追求する努力と精進を重ね、互いに切磋琢磨し合うと共に協力し合う中で、教師、先輩、後輩などの間に密接な人間関係を築き上げ、自己の能力の限界までを出し切るような厳しい体験を通して人間としての資質や能力を培うことを期待できることにあると思われること」と判示していることからも学校スポーツ部活動は学校文化、スポーツ文化として認知されていると言えよう。判例時報1487号、101頁。

(8) 最高裁平成18年3月13日第二小法廷判決、最高裁判例検索HP。
(9) 横浜地裁川崎支部平成14年9月30日判決、最高裁判例検索HP。
(10) 朝日新聞2013年12月22日。「彼が遺したもの〈上〉」。
(11) 岐阜地裁平成5年9月6日判決、判例時報1487号、101頁。

I スポーツ基本法の理念を体育・スポーツ指導に活かす

2 体育教員・スポーツ部活動指導者の教育責任と法的責任

櫻田 淳也
Junya SAKURADA

1. 部活動（体育）指導の在り方

　2011年6月にスポーツ振興法（昭和三六年法律一四一号）の全面改正であるスポーツ基本法（以下、基本法）が制定され、17条で学校における体育の充実について定められた。周知のように義務教育学校及び高等学校では大綱的基準である学習指導要領に基づき教育課程を編成しなければならない。その学習指導要領が改訂され、平成24年度から中学校、平成25年度から高等学校でそれぞれ新学習指導要領に基づいて授業が始まる。高校保健体育について新学習指導要領では「心と体を一体としてとらえ、運動や健康・安全についての理解と運動の合理的、計画的な実践を通して、生涯にわたって豊かなスポーツライフを継続する資質や能力を育てる」、「健康の保持増進のための実践力の育成」および「体力の向上」が目標となった。

　また、学校で行われる部活動においても、新学習指導要領で「指導計画の作成等に当たって配慮すべき事項」において特に定められ、部活動が体育授業の在り方の延長上に位置付けられたのである。さらに新学習指導要領は「スポーツや文化及び科学等に親しませ、学習意欲の向上や責任感、連帯感の涵養等に資するものであり、学校教育の一

環として、教育課程との関係」を図るように留意を求めている。つまりスポーツ部活動は「各発育段階にあった専門的活動」と積極的に捉えなければならないのである。

　実際のスポーツ選手の指導現場においても「アスリート・ファースト」という言葉があるように、学校部活動においても、生徒の発育発達段階を考慮し、生徒の目線からの「生徒第一主義」の指導が必要とされる。先だってのワールドカップ女子サッカー佐々木則夫監督の言う「横から目線」という言葉は、選手指導の本質を示している言葉である。しかしながら、いざ日本の学校部活動指導に目を向けてみると、残念ながら必ずしもそのような指導がなされていない場面も多く見受けられる。このことが部活動における問題や事故を引き起こす要因にもなっているのではないだろうか。

2. 部活動の課題

(1)「勝ち負け」の指導

　部活動では特定の種目を専門的に行っていく場合が多い。また試合等でその活動の成果を出していく。スポーツには基本的に勝ち負けがある。学習指導要領でも体育分野の目標として「(3) 運動における競争や協同の経験を通して、公正に取り組む、互いに協力する、自己の役割を果たすなどの意欲を育てる」(中学校) とある。このことから体育や部活動では、競争（勝ち負け）体験から学ぶことも求められている。一時期、順位をつけない徒競走などが示された時期もあったが、それが定着することはなかった。長い人生を考えた時、正しく「競争」を体験し、「勝ち方、負け方」を学んでおくことは重要なことであろう。

　では「勝つこと（負けること）」から何を学ぶのであろうか。言うまでもなく競争は相手があるものであり、「勝者」がいれば必ず「敗者」

がいる。ここで大事なことは「勝者は敗者への配慮を学ぶ（敗者は勝者への配慮を学ぶ）」ことではないであろうか。勝つことだけが全ての「勝利至上主義」からはこのことは学べない。社会へ出れば必ず競争はつきものであるが、そこには人との関わりがあり、社会では競争の中でお互いを高めていくような人間関係を築いていかなくてはいけない。つまり社会性を身につけるという観点から、勝者または敗者が相手を気遣い行動することは、将来的に大いに意味のあることであると考えられる。また実際学校現場でそのようなことを学べることができる場は、部活動（体育）が最適であろう。指導者は部活動についてくる「勝ち負け」を通して、生徒の先々を見据えた指導をしていくことが求められていく。

(2) 行き過ぎた指導

　部活動でスポーツを行っている者が、スポーツ活動を継続して行っていくことはスポーツ文化の発展という視点からも意味あることである。また学習指導要領にも「生涯にわたって運動に親しむ資質や能力の育成」とあり、指導者もそのことを念頭に入れて指導していくべきである。それは一つのスポーツを専門的に継続して行っていくことはもちろんであるが、中学生段階から高校、大学等と進んでいく中で専門スポーツ種目が変わっていく場合も含まれている。大事なことは、継続的に楽しくスポーツ活動を続けていくということ、「バーンアウト」にならないように工夫をすべきであろう。スポーツ活動のやりすぎによって、精神的にそのスポーツを続けられなくなってしまう状態になってしまうと「人権」という視点からも問題を孕んでこよう。

　スポーツをやりすぎてしまう原因の一つに勝利至上主義による指導が挙げられる。この場合、生徒は「やらされている」という状態になっていることを指導者は意識しておかなければならない。学校における部活動は体育の延長上にあり、本来その競技を通して人間教育をして

いく場である。しかしその指導が勝利至上主義に走ってしまうと、そこには「アスリート・ファースト」とは全くかけ離れた押しつけ、詰め込みの指導が存在する場合も少なくない。「なぜそうするのか」ということをきちんと生徒に理解させないままいろいろなことを押しつけていく。それを指導と称し、強制的に挨拶や礼儀、言葉遣いを強要し、それが出来ない生徒に対しては厳しく叱り、「そうしなくてはいけないもの」として形だけができあがっていく。このような場合には、その種目の技能習得指導に関しても同様に行われていることが多い。指導者は高圧的な態度で生徒に接し、生徒には物を言わせず、型から外れることに対しては必要以上に厳しく接する。そこには体罰やハラスメントの問題も見え隠れする。しかしながらこのような行為が生徒のためにはならず、決して後に繋がっていくようなものでないことは少し冷静に考えれば明白である。指導者は生徒がその場かぎりで燃え尽きてしまうような、またスポーツ活動が嫌いになってしまうような指導ではなく、長くスポーツ活動(競技生活)が送れるような指導を行っていかなくてはいけない。

(3) 体罰やハラスメントについて

　部活動における体罰やハラスメントは昔から問題とされているにも関わらず、新聞記事やインターネットの記事検索を見ても、今もなお減少することなく頻繁に起こっている。残念ながら学校現場における生活指導では体育教師に期待される部分が大きい。このことはある程度体も大きくなり力もある中学生や高校生を指導していくには、体を張って制していく部分もあるということが理由の一つであろう。

　一方、部活動の場合は、あまりに指導に力が入りすぎてしまって思わず手が出てしまう、ということもあるかもしれない。前者の場合、ある一部生徒の素行により他の生徒への影響がある場合、学校の秩序を守るために教師が体を張って制する、ということであろうが、体罰

や暴力が入ることは容易に認められることではない。ましてや後者の場合、部活動という専門性を高めていく場において体罰を行わなくては秩序が保たれないなどということは到底考えられないし、また決して許されるべきではない。また、パフォーマンス向上（技術習得）の手段として体罰が行われるなどということもあってはならないことである。それにも関わらず部活動等における体罰が行われる原因の一つとして、指導者自身が選手（生徒）時代に体罰によってパフォーマンスを向上してきた経験から、自分が指導者になった時にも同様のことを選手に行っている、ということも考えられる。このことは「体罰は指導方法の一つであり必要悪」というような考え方も根底に残っている可能性も否めない。現在は全国各地で指導者研修会等が行われており、そのような研修会にも積極的に参加することで、指導者自身が自己研鑽を重ねていけば「体罰も指導方法の一つ」などという愚かな考えは起こらないはずであり、指導者の勉強不足が体罰を引き起こしている要因であるとも考えられる。

　部活動指導者は常に社会常識の中で指導を行っていくべきで、体罰やハラスメントは社会的にも許されないのだということを認識すべきである。「スポーツの世界だから許される」というような考え方は、スポーツの社会からの孤立を生み、スポーツの発展を妨げる行為であることを強調したい。また今後の対策として、部活動の指導にあたる際に「指導資格」を有することなどを義務付けていくことも、今後必要になっていくかもしれない。指導者が教員である場合、学校業務との兼ね合いなども考えると大変な作業であるが、実際に各種目で日本体育協会等の資格を取得している指導者は増えてきており、真摯な部活動指導が行われるために、文部科学省との関わりも含めて、学校全体でそのような取り組みを積極的に行っていくことが必要な時期にきていると考えられる。

3. アスリート・ファースト

　前節の「部活動の課題」で述べた問題の原因の一つとして、指導者に「アスリート・ファースト」の視点が欠けていることが挙げられるのではないだろうか。コーチング論等によれば「選手の話をよく聞く」、「よく観察する」、「承認する」などいろいろ挙げられているが、このようなことを指導者が指導現場で実際に行っているのかどうかという問題がある。これらの行動は口で言うのは簡単であるが、生徒一人一人には個性もあり、実際に現場で行うとなると根気のいることである。もしここに、「生徒を育てる」という視点ではなく「とにかく勝つことのみ」というような勝利至上主義が入ってくれば、前章のように生徒を型にはめ、生徒には物を言わせず高圧的に指導していった方が効率的であり、ある意味楽な指導とも言え、かつそのように指導をしていけばある一定の成果は得られるのも事実であろう。しかしそのような指導は、生徒にスポーツの楽しさを伝えることができず、生徒から考える力を奪い、学習指導要領の「目標」などとは無縁のスポーツ活動となるであろう。指導者は常に「アスリート・ファースト」を念頭に置き生徒に接していくべきである。

4. 学校におけるスポーツ権行使

　基本法は、「スポーツは、世界共通の人類の文化である」とうたい、さらに「スポーツを通じて幸福で豊かな生活を営むことは、全ての人々の権利」[(1)]であるともうたっている。
　権利としてのスポーツが保障されている国民がその機会に出会う場面は、スポーツ少年団やスポーツクラブなど幅広くあるが、体系的、

組織的、計画的、継続的に「スポーツ権」を行使する場所としては、学校教育が最も適したところであろう。現在、日本の学校では体育科目が教育課程として設置されているが、スポーツ部活動も教育課程外と位置づけられ実施されている。体育とスポーツの意味や意義については異同性が存在[2]するが、前述の基本法17条で「体育に関する教員の資質向上、地域におけるスポーツ指導者等の活用」について規定されているところから、学校における体育とスポーツの関係について整合性を持たせることは可能になる。その一つの理由として学校で行われるスポーツ部活動は教育活動の一環として行われているという特色から、活動を行う上では常に教育的配慮が求められるのである。そのように考えるとスポーツ権は学校で行われる以上教育を受ける権利と同質性を持つととらえてもよいのではないだろうか。

5. スポーツ指導者の教育責任と法的責任

　部活動は多くの学校では教育職員としての免許状を有した者が、教育課程外において指導に当たっている。学校部活動に当たる顧問教諭は、「学校教育の一環としてされているクラブ活動と、その指導教諭ないし顧問教諭の指導、監督責任を否定することは、その限度で学校当局ないし県教育委員会がみずからその学校教育の権利、義務を放棄するに等しく、是認しがたい」[3]と学校事故裁判で判示されているように教育責任と共に指導上の法的責任が伴うことを深く自覚しておかなければならない。ただし、法的責任については体罰など暴行行為でない限り直接的に負わない場合が多く、民事上の損害賠償責任は履行補助者である限り指導者自身は負わないのが一般的である。

　学校教育の一環として部活動を指導する以上、部員である選手の技能や力量が向上するように計画立案をし、指導方法などに関しても科

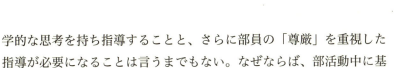

学的な思考を持ち指導することと、さらに部員の「尊厳」を重視した指導が必要になることは言うまでもない。なぜならば、部活動中に基本的人権の尊重を学び、体得することは未来の主権者として重要な資質であるからである。

指導者の行為には前述したように教育責任が伴うが、その過程に部員の生命・身体の安全配慮義務、危険予見・回避義務などの注意義務といった法的責任が付随している。例えば、高校の野球部員が練習中に右目を負傷した事件で裁判所は「一般に、学校教育に付随する部活動においては、これによって生徒が危害を受けることがないよう、指導、監督に当たる教諭等に、安全を確保すべき義務が課せられていることはいうまでもない（被告も、一般論として認めている）。したがって、上記の指導・監督に当たる者は、生徒の自主性をできる限り尊重しつつも、事故等の発生が予想される場合には、これを防止するのに必要な措置を積極的に講ずるという注意義務を果たさなければならず、これを怠った結果、生徒に損害を生じたときは、当該学校の設置、管理者に賠償責任が生ずることも明らかである。」[4]と判示するように、活動中の安全面には十分に配慮をしておくことが重要である。

(1) 指導中の行き過ぎた行為＝体罰

部活動中に指導者の行き過ぎた「行為」＝体罰＝暴行が後を絶たない。判決でもそのような行為について厳しい判断がなされているが、以下の二つの判示は部活動指導者は厳に受け止めておかなければならないだろう。

①高校陸上競技部員死亡事件

顧問教諭の厳しい指導と不適切な言動により追い詰められ、女子高校生が自ら死を選んでしまった事件について、両親が学校設置者に損害賠償を求めた裁判で、判決は被告顧問教諭の「姿勢そのものが、も

はや教育的配慮の全く欠けた、極めて不適切な指導方法という以外にない」、さらには「医師が疲労骨折と診断しているにもかかわらず、専門医でもない陸上部の顧問がそれを無視して練習を続けさせることが陸上競技の指導者として不適切であることはいうまでもないことである。」[5]等と激しい文言で顧問教諭の「行為」について糾弾している。指導者が情熱と勘違いするような指導方法をなくすためには、先に述べた「部員の尊厳」を心得ると同時に部活動が教育目的を達成するための一環であるという確認作業のための研修やスポーツ基本法の理念について深い理解を促すなどの研修を関係者は定期的に実施する必要がある。

②高校野球部員暴行事件

　私立高校の野球部監督として指導に当たっていた監督が部員に暴行を加えたことが、学校教育法11条の懲戒として刑法上の正当行為に当たらないかについて出された判決で、監督の指導に対して裁判所は「生徒に教育的な指導を行うに際しては、教育学等の豊富な専門知識が必要であることはいうまでもない。他方で、教育従事者である被告人においても、必要があると認める時には、生徒に懲戒を加えることができるのであって、その限りで、不利益な処分を生徒に強制しても違法とはいえず、身体に対する有形力の行使の相当な範囲内として許容される場合があり、懲戒を受ける生徒の年齢、健康状態、心身の発達状況、懲戒の場所及び時間、懲戒の態様等の諸事情を総合的に考慮し、個別具体的に判断する必要がある」との前提で、本件行為について、以下「各暴行行為が、生徒指導の一環として、説諭しながら軽くたたいたという程度のものではない」、「有形力の行使につき、いたずらに感情に走らないよう教育者としての節度を有しているものでもない」、「暴行行為は、単なる有形力の行使ではなく、その程度が、軽微とは言えない身体的侵害、すなわち投げ飛ばす、殴る、踏み付けると

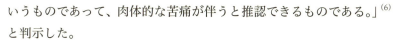

いうものであって、肉体的な苦痛が伴うと推認できるものである。」[(6)]と判示した。

裁判官は、教育の一環として行う部活動でも「身体に対する有形力の行使の相当な範囲内として許容される場合があ」るという認識を示しているが、言うことを聞かないから諸事情を考慮した上で殴ってもかまわないという思想が読み取れ、この限りで首肯できるものではない。ちなみに、高校時代に部活動をしていた大学生の中にも指導者の有形力の行使について「上手になるなら仕方ない」、「高いレベルを目指しているのであれば必要なことだと思う」、「力ずくでもいい思いをさせてあげたいと思うから」、「言葉では分からないなら体で教える」等々[(7)]の意識を持つ傾向があり、「負の連鎖」を断ち切る指導方法の確立は喫緊の課題である。

(2) 指導者の科学的知識

指導者は科学的根拠に基づいた指導方法を確立しなければならない。例えば、中学校野球部員熱中症死亡事故事件で裁判所は「被告人は、大学の体育学部において運動生理学等の専門教育を受け、保健体育の教員として生徒に熱中症について教えるとともに、教育委員会などからも再々熱中症についての注意を喚起されるなどしていたものであって、熱中症の発生機序や発症時の対処方法などには相当程度の知識を有していたと認められるにもかかわらず、判示のとおり、炎天下における持久走を実施するに当たり、部員の健康状態への配慮に欠け、適切な救護措置を執りうる態勢にも欠けていたのであるから、体力的に十分の成長を遂げているとはいい難い中学生の部活動の指導を託された者として、その注意義務の懈怠は、厳しく非難されても仕方がないというべきである。」[(8)]という判示をしているが、スポーツ基本法14条の事故防止規定を理解して、さらに16条のスポーツに関する科学的研究の推進等についての規定から定期的に、特に学校スポーツ部指

導者への研修機会を教育委員会やスポーツ団体は計画立案、実施していくべきである。

参考文献

日本スポーツ法学会編（2011）『詳解 スポーツ基本法』成文堂。
スポーツゴジラ第 15 号「〈特集〉文武両道の可能性」。
文部科学省「中学校学習指導要領」。
文部科学省「高等学校学習指導要領」。
公益財団法人日本体育協会「公認スポーツ指導者養成テキスト 共通科目 I」。
公益財団法人日本体育協会「公認スポーツ指導者養成テキスト 共通科目Ⅲ」。
Introduction to Coaching Theory.

注

(1) スポーツと権利の関係については、日本スポーツ法学会年報第 1 号（1994 年）、永井憲一論文、濱野吉生論文を参照。
(2) 体育とスポーツの関係については、笠原一也（2011）「スポーツ基本法の考え方」スポーツゴジラ第 17 号参照。
(3) 東京高等裁判所昭和 52 年 4 月 27 日判決、最高裁判例検索 HP。
(4) 名古屋地方裁判所平成 18 年 11 月 28 日判決、最高裁判例検索 HP。
(5) 岐阜地方裁判所平成 5 年 9 月 6 日判決、判例時報 1487 号 102 頁。
(6) 岡山地方裁判所平成 19 年 3 月 23 日判決、最高裁判例検索 HP。
(7) 女子大学生の意識から平成 24 年 1 月調査。合計 231 人中 66 名が「スポーツ指導にある程度の有形力の行使は必要だと思う」と回答。
(8) 横浜地方裁判所川崎支部平成 14 年 9 月 30 日判決、最高裁判例検索 HP。

2　体育教員・スポーツ部活動指導者の教育責任と法的責任

3 体育科教育からの アプローチ

細越 淳二
Junji HOSOGOE

はじめに

　わが国のすべての子どもたちが等しく運動・スポーツに出会う場はどこかと考えたとき、真っ先に思い浮かぶことのひとつに学校における体育授業があろう。子どもたちは、小学校1年生から始まる体育授業で、自分の体を思いのままに動かす楽しさを感じるとともに、仲間と協力して課題を達成する喜びを経験する。体育授業を通して、生涯にわたるスポーツライフの基礎とともに、明るく豊かな生活を営む「態度」を身に付けていくのである。

　この学校における体育に関わって、スポーツ基本法では以下のような条文が示された。

（学校における体育の充実）第17条　国及び地方公共団体は、学校における体育が青少年の心身の健全な発達に資するものであり、かつ、スポーツに関する技能及び生涯にわたってスポーツに親しむ態度を養う上で重要な役割を果たすものであることに鑑み、体育に関する指導の充実、体育館、水泳プール、武道場その他のスポーツ施設の整備、体育に関する教員の資質の向上、地域

> におけるスポーツの指導者等の活用その他の必要な施策を講ずるよう努めなければならない。

　この条文は、森川（2013）⁽¹⁾がいうように「基本法が対象とする国民の生涯にわたるライフステージとスポーツの関係の中に『学校体育の充実』が位置づいた」と解釈することができる。体育科教育の立場からいえば、この実現に向けた取り組みを、より一層推進していくことが求められたといえる。

　では具体的に、どのようなことを踏まえた取り組みが必要なのであろうか。本稿では「学校体育が教科体育のみを対象とするのか、学校運動部活動を含むものと理解するのか、微妙な問題を含んでおり、今後の推移に注意する必要がある」（森川、2013）という条文解釈への指摘を踏まえて、特に学校における体育授業実践に関わる範囲に限定して、体育授業および教師のあり方について考えてみたい。

1. 体育授業で何を学ぶのか

　いま、学校体育は危機的状況を迎えていると言われている（高橋、2010）⁽²⁾。子どもの体力低下問題への対応とともに、確かな「体育的学力」の保障をどうするか、冷え切った子どもたちの心と体を運動でどのように解きほぐすか等、よりよい体育授業を実現させるという使命に加えて、その成果検証が求められている。いわゆる学校体育のアカウンタビリティを、エビデンスをもって示すことが喫緊の課題となっている。現在、全国の学校現場では実に様々な取り組みが展開されており、その成果も報告されているが、激動する社会情勢や教育の方向性を踏まえて、より望ましい体育実践のあり方とその検証を広く継続的に行うことが必要である。

　このような課題も見通しながら、まずは学校の体育授業で、子ども

たちが学ぶ内容とは何かを考えてみたい。

図3－1は、オランダのクルムが提唱した「体育科の教科内容の構造」である（友添、2010）[3]。これによれば、体育授業で学ぶ内容領域としては、①様々な運動を通して技術・戦術を学ぶ「技術学習に関する領域」、②仲間と関わりながら課題解決に取り組むことで社会性を育む「社会的学習に関する領域」、③運動課題の解決のしかたや運動の構造の理解、運動に関する知識などの認識的な内容を学ぶ「認識学習に関する領域」、④運動・スポーツに対する愛好的態度を育成する「情意学習に関する領域」が設定されている。

つまり体育授業では、運動・スポーツの技術・戦術が「できる」こと、課題解決に向かって仲間と「かかわる」こと、運動・スポーツについて「わかる」ことが直接的な学習の内容領域として構造化されているといえる。これらを有機的に結びつけながら「かかわりながらできた・わかった」「わかったからできた」「できたからかかわれた」等を実現するための学習活動が組織されることになる。そして子どもたちは、そこでの活動や達成経験を通して運動・スポーツへの愛好的態度や興味・関心をより広げていく（情意的成果）という流れを見ることができる。

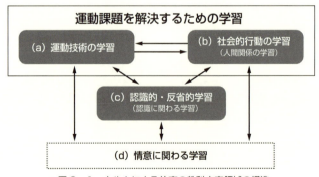

●図3－1　クルムによる体育の教科内容領域の構造

学習指導要領（文部科学省、2008 a 、2008 b ）[4][5] を見ると、子どもたちが体育授業で学ぶ内容として「技能」「態度」「知識、思考・判断」（小学校は「思考・判断」）が示されている。「技能」では文字通り、各種運動・スポーツの技術や戦術の習得がめざされる。「態度」では公正さや協力的態度、安全についての配慮等が学習される。「知識、思考・判断」では運動の構造や課題の理解、適切な練習の選択等が学ばれる。

学習指導要領におけるこのような枠組みは、前述のクルムの主張に照らしてみても同様の構造をもっていることがわかる。つまり、わが国の学校体育は、国際的な動向も踏まえながら、豊かなスポーツライフを送ることのできる国民の育成をめざしていることがわかる。

このようなことから、教師には、学習指導要領の内容の確かな理解とともに、その内容を習得させられる指導力量が求められることになる。

特に、授業で取り上げる運動・スポーツで教えることがらが子どもたちの学習に効果的に含み込まれるような学習活動を組織する力、「教材解釈力」と「教材開発力」を高めることが求められよう。

図3－2は、岩田（2012）[6] が示した「教材づくりの基本的視点」である。この図では、子どもたちに意味ある学習をさせるために教師が考えるべき視点として、確かな学習内容の設定を意味する「内容的視点」と子どもたちの学習意欲を喚起する工夫という意味での「方法的視点」が示されている。方法的視点としては、子どもたちが等しく運動に参画し課題達成する機会を保障するための「学習機会の平等性」、子どもの実態をとらえた教材づくりを意識する「能力の発達段階や興味・関心」、子どもにとって魅力的な活動を展開するという意味での「プレイ性の確保」がその要点としてあげられている。

取り上げる運動・スポーツを「素材」としてとらえるとともに、それを先の2つの視点を加味しながら再構成することで、体育授業で

子どもたちの実態にフィットした「教材」が開発されるというわけである。しかし教材ができれば十分というわけではなく、教材に応じた教具と教師の指導行動（教授行為）の一貫性が伴ってはじめて意味ある学習が実現するものとされている。

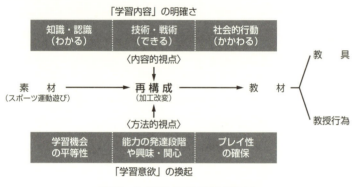

●図3-2「教材づくりの基本的視点」

　これらのことがらの実現を意識して、体育授業の内容についての整理検討（カリキュラム研究）、子どもたちに意味ある学習をさせるための方法論の検討（指導方法論の研究）を行うことが、スポーツ基本法の条文に示された「体育の指導の充実」「体育に関する教員の資質の向上」につながっていくものと思われる。そのためには、実践者と研究者が同じ地平に立ち、共同で子どもたちの心と体、そして学びに関する情報を共有しながら取り組みを進めていくことが、これまで以上に肝要になろう。

2. 運動は仲間づくり
〜体育授業を通した肯定的な学級集団育成の可能性〜

　次に、豊かなスポーツライフの基礎を培う意味で、体育授業の特性

から、体育と仲間づくりの可能性について考えてみたい。

言わずもがなのことではあるが、筆者は、運動は、自分自身を高める（自己実現としての運動・スポーツ）他に、仲間づくりの側面も併せ持っていると考えている。

「体育の学習や運動部活動をはじめとして、様々な運動・スポーツ活動で得たもの・学んだものは何か？」と学生に問うてみると、「運動の技術や戦術を身に付けた」というよりも「チームワークを学んだ」「勝敗以上の人間関係を得た」という答えが案外と多いことに気づく。また小中学校の体育授業を観察していると、運動課題に協力的に取り組んでゲームに勝った時など、子どもたちのチームワークはより一層強くなるように見えるし、逆に負けた時にどのような言葉を掛け合えるかによって、人間関係も次の取り組みへのモチベーションも変わってくる様子が見てとれる。

このように、運動には仲間同士を結びつける要素が含まれており、それを技能成果と関連させながら最大限に引き出せるような授業づくりができれば、子どもたちは体育授業を通じて基礎的基本的な技術・戦術とともに肯定的な人間関係を構築する力を得ることができるであろう。

小学校でよく「体育授業で学級経営をする」という言葉を耳にするのは、まさにこの特性を生かしたものだと受け止められる。実際、先行研究の結果から、小学校における子どもの体育授業に対する態度と学級集団に対する意識との間には、正の相関関係が認められているし（日野ほか、2000）[7]、この両者の関係性がどのように生まれるのかを実証的にとらえようとする取り組みも行われている。

筆者は、このことを次の図3-3のように示し、「体育授業を中核とした学級集団づくり（仲間づくり）」を重視している（細越・松井、2009）[8]。

まず体育授業で子どもたちは「できる」「わかる」「かかわる」を関

連させた学習で個人的／集団的な達成経験を得ることから、自分や他者を認める気持ち、集団の凝集性や仲間と課題達成する喜びを得るために求められる学び方について学んでいく。これが教科としての体育の成果の一領域を形成する。一方、学級経営の場面（教室場面）では、子どもたちは学級活動や日々の係活動、朝の会や帰りの会の時間等を通じて自分と教師、自分と仲間の人間関係やそのための方法を学んでいく。また集団生活における約束事（ルール）の必要性・重要性とその方法を身に付けていく。

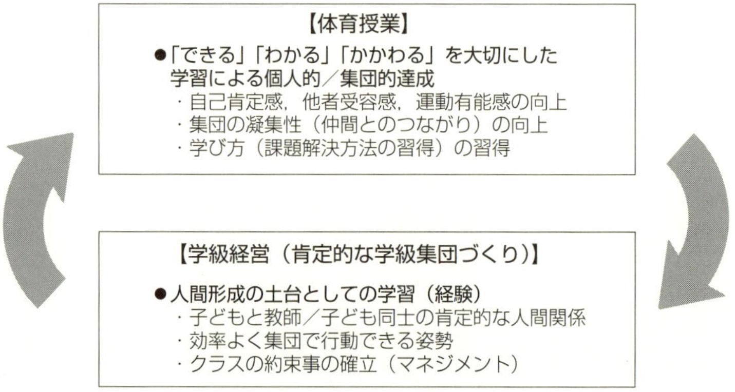

【体育授業】
● 「できる」「わかる」「かかわる」を大切にした学習による個人的／集団的達成
・自己肯定感，他者受容感，運動有能感の向上
・集団の凝集性（仲間とのつながり）の向上
・学び方（課題解決方法の習得）の習得

【学級経営（肯定的な学級集団づくり）】
● 人間形成の土台としての学習（経験）
・子どもと教師／子ども同士の肯定的な人間関係
・効率よく集団で行動できる姿勢
・クラスの約束事の確立（マネジメント）

●図3-3「体育授業と学級経営の関係（細越・松井、2009）」

　この体育授業の成果と教室での学級集団づくりがリンクするようになると、教科としての体育の成果と子どもたちの日常生活がより密接に結びつき、教師の子ども理解にも一定の効果をもつのではないかと考える。またこのことが、学校体育の存在意義を支えるひとつの視点にもなりうると考え、各地の現職教員とともに授業研究に取り組んでいる。

3. 体育授業と学級経営を意識した授業づくり

　体育授業と学級経営を意識した授業づくりについて、筆者は最近、高橋（2009）[9]の主張を踏まえて次の3つの視点を提示するようにしている。
①めざす動きが教師側／子ども側からどのように見えるかを確認する
　授業実践の際、教師は教師側から見て望ましい動きの習得に向けて指導を行うが、その教師からの目線が必ずしも子どもの目線と合致するとは限らない。なぜなら、教師たちは、子どもたちの実態に合わせて「○○ランド」「忍者修行」「○○リーグ（大会）」といったテーマをもって意欲的に学ばせようとする。教師はその中に埋め込んだめざす動きが確かに身に付いているのかどうかを評価することになるし、そのために指導の言葉も工夫する。しかし、子どもたちはその環境にのめり込んでひたすらに運動を楽しむ。であるならば、めざす動きは一つであっても、教師側と子ども側から見た動きの「見え方」は、授業によって異なることが予想される。このため（当然のことではあるが）習得させたい動きとそれをどのような学習環境で学ばせるのかを決めた上で、教師と子ども、双方からそれぞれ運動やその環境がどのように映るのかを再確認して授業に臨むことは重要な点だといえる。
②1つの動きの習得にあたっては3つ程度のスモールステップを設定する
　1つの動きを習得する際には、3つ程度のスモールステップを設定して、その動きが子どもに「定着」することをねらいたい。授業時数に対して習得させたい動きが過剰になってしまうと、次々に異なる動きの経験をさせてしまいがちだけれども、個々の動きの定着をめざすためには、3つ程度のステップを用意する必要があるだろうと考えている。

③活動単位の工夫〜「個から集団へ」の教材の設定

　運動課題の達成を契機に子どもたちを結びつけるためには、授業や単元の終盤に「集団的達成の経験」を組み込むことが効果的だと考える。授業の最後に「仲間がいなくては達成できない課題」に取り組み成功することで、子どもたちは一体感を高め、そのまま教室に戻ることができる。このことで体育の学習成果をより広い範囲に波及させることができるであろう。

　一般にボールゲームの授業では、個人的スキルの練習→チーム練習→ゲームというように、活動単位が増えていく構成になることが多いように思われるが、体つくり運動の授業の最後にチームで課題に取り組む場面を設定したり、器械運動では単元の最後にシンクロマットの演技発表をしたりするなどの工夫ができれば、子どもたちは体育の学習成果とともに、それを学級の人間関係にも還元させることができる。

　体育の学習成果と学級集団の育成を意図的に結びつけるためにも、個の動きを高める時間と集団的達成の喜びを得られる時間を組み合わせた授業のあり方が大きな意味をもつのではないかと考えられる。

4. 体育授業の可能性
　〜教師の言葉かけの分析から〜

　もう一つ、体育授業の可能性を、子どもを結びつける教師の言葉かけという視点から考えてみる。

　図3-4および3-5は、小学校3年生の約1ヵ月間の体育授業場面と教室場面（朝の会と帰りの会）での教師の言葉かけの頻度である（観察は体育授業が行われた12日間）。言葉かけが行われた対象を「大集団」（クラス全体に対する言葉かけ）、「小集団」（数名のグループに対する言葉かけ）、「個人」（個人に対する言葉かけ）に分けてカウントした。

その結果、体育授業場面では、教師は「個人」に対して最も多く言葉かけをしていたことがわかった。次いで多かったのが「小集団」で、最も頻度が少なかったのが「大集団」であった。教室場面では、最も頻度が多かったのが「大集団」で、次いで「個人」、「小集団」となっていた。

　この事例から導き出したいことは「体育授業場面では小集団に対する言葉かけが一定程度なされるが、教室場面では「小集団」に対する言葉かけの割合は減少する、ということである。現代の子どもたちのコミュニケーションスキルが未発達であることを指摘する声が多い中、体育授業ではグループを活用する場面を日常的に設定できるという特性がある。個人的な運動であっても互いの動きの様子を観察して伝え合うなどの場面を設定することもできる。

　この結果は、子どもたち同士の関わりを生み出し、コミュニケーションスキルを育む大きな可能性を体育授業が有していることを示しているといえる。

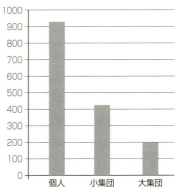

●図3−4　体育授業場面における教師の相互作用行動の頻度（単位：回）

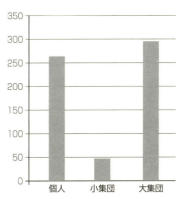

●図3−5　教室場面における教師の相互作用行動の頻度（単位：回）

おわりに

　以上、体育授業実践に関わって、これからの体育・スポーツ指導者のあり方について検討した。筆者は、学校における体育では、やはり、より良質の体育授業の実現が最優先の課題であり、そのために教師が体育に関する知識と学習者に関する知識をどれほどもち、それを授業で体現できるか、その授業力の向上こそが、これからのスポーツライフの基盤形成に直結すると考える。そしてその過程で仲間づくりの視点を取り入れることで、体育授業を基軸にした学級づくりや仲間づくり、ひいては生徒指導上の課題等にも一定の役割を果たすことができるのではないかと考えている。

　地域スポーツの振興やそこでの指導者の活用、競技スポーツの側面からの支援ももちろん重要であるが、すべての子どもたちが経験する小中学校の体育授業で、指導者としての教師がどのように豊かな実践を展開し成果を示すのかが、この国のスポーツ的教養の鍵になると考える。その推進に向けて、継続的に取り組みを進めていくことが求められる。

注

(1) 森川貞夫（2013）「逐条解説 スポーツ基本法」体育科教育第1巻第2号、50-51頁。
(2) 高橋健夫（2010）「体育科のナショナルスタンダード策定の試みとその妥当性の検証」平成19-21年度科学研究費補助金（基盤研究Ａ）研究成果報告書、117-125頁。
(3) 友添秀則（2010）「体育の目標と内容」、高橋健夫他（編著）『新版 体育科教育学入門』大修館書店、30-38頁。
(4) 文部科学省（2008ａ）小学校学習指導要領、東京書籍。
(5) 文部科学省（2008ｂ）中学校学習指導要領、東山書房。
(6) 岩田靖（2012）『体育の教材を創る』大修館書店、15-37頁。

(7) 日野克博ほか（2000）「小学校における子どもの体育授業評価と学級集団意識との関係」体育学研究第45巻、599-610頁。
(8) 細越淳二・松井直樹（2009）「体育授業と学級経営の関係についてのアクション・リサーチの試み―M学級の1学期の取り組みから―」体育授業研究第12巻、45-55頁。
(9) 高橋健夫(2009)「新しい体つくり運動の授業づくり」体育科教育第57巻第13号、50-51頁、137-144頁。

4 日常生活と心身のバランス

眞鍋 知子
Tomoko MANABE

はじめに

　私たちが健康に日常生活を送るうえで、人体は様々な機能や役割を果たしている。しかし指導者である私たちが人体の正常な構造や機能について十分に理解していないと、体育やスポーツの指導時に指導の対象者がなんらかの障害が生じるなどの害を被ることがある。
　人体で営まれている様々な生命現象には、血液循環、呼吸、消化・吸収、代謝、排泄、内分泌のような生命維持に直接関わる面と運動、感覚、神経などのように生命を活動させる面がある。本稿では、両者に関わるものとして体内時計による生活リズム、血糖値の変化による心身への影響、体力と健康状態の維持の三点について述べる。

1. 体内時計による生活リズム

(1) サーカディアンリズム
　細菌のような原核生物からヒトにいたるまで、ほとんどの生物は体内時計と呼ばれる機能を有しており、1日の周期的なリズムをサーカ

ディアンリズム（概日リズム）と呼んでいる。ヒトのサーカディアンリズムについては、暗闇で自由な時間に寝たり起きたりする生活を観察した研究等により、約25時間の周期があると提唱されていたが、その後の潜水艦乗務員の生活リズムの研究等から平均して約24時間程度ではないかとも言われている[1]。サーカディアンリズムは、体温、脈拍、血圧、睡眠・覚醒サイクル、食行動、消化吸収、代謝など生物にとって大切な生理学的、生化学的過程にみられ、生物が外部環境の変化に適応して生きていくための必須の装置として体内時計により調整されている。つまり、外部環境や内部環境の急激な変化に敏感に反応し、体内時計を修正することで個々のホメオスタシスを維持しているのである。私たちは、毎朝太陽の光を浴びることにより自己のサーカディアンリズムを地球が自転する24時間に調節している。この現象を「同調」と呼び、網膜、脳の松果体および視交叉上核の三つが明暗刺激に同調して体内時計を調節している器官と考えられている。さらに最近では、体内時計には約16種類の遺伝子が関与しており、それぞれの遺伝子が周期性をもって発現し、お互いに調節しあっていることが解明されてきている[2]。

　ヒトは、24時間の昼行性の生活リズムを視交叉上核に記憶している。この設定は、網膜に朝の光を浴びて感じるたびにリセットされ、視交叉上核の活動上昇に応じて体温や血糖値の上昇を促し、腎臓からの水分再吸収を促進して血圧を上昇するのである。つまり、光を主な因子として体内時計を同調させ、ホルモンの分泌や体温を適切に調節させることで、体温の高い日中に覚醒して活動し、体温の低い夜間に睡眠をとり休息するというサイクルを維持している。現代社会では、24時間営業の飲食店やコンビニエンスストア、長時間労働、交代勤務の一般化により昼行性から夜行性のライフスタイルの変貌により体温や様々なホルモンの分泌と睡眠・覚醒パターンのバランスが崩れ、健康リスクが高くなると指摘されている。特に喘息、脳卒中、心筋梗

塞等の疾患の発症や増悪がサーカディアンリズムと密接な関連があることが近年の調査によりわかってきた。

　また、季節によって変化する日長と光照度によってサーカディアンリズムが変化する。ヒトは朝の光がサーカディアンリズムの同調に重要であり、照度が高くなる夏では冬よりも早い時刻に位相反応が現れる。したがって、睡眠覚醒リズムは夏に睡眠が短縮し、冬に延長する。起床時刻は夏に早くなり、冬は遅くなる。この結果は、室温の影響を除いた条件下でも同様であった[3]。

(2) メラトニンとセロトニン

　メラトニンはサーカディアンリズムにより調節されており、日中はほとんど分泌されず、夜間から濃度が上昇し、深夜から早朝にピークに達することにより良好な睡眠状態を作り出すホルモンである。睡眠中に活性酸素を分解し、抗ウィルス作用の増強による生体防御や肌を白くしたり、性ホルモンの調整に重要な役割を果たしている。つまり、夜間の睡眠が不足することにより、体内の活性酸素が分解されず、細胞のダメージが進み、風邪などの感染症に罹患した場合でも治りにくく、肌も浅黒くなり、女性の場合は月経周期が不順になる場合もある。海外ではメラトニンをサプリメントとしても用いることにより、睡眠を誘発し、夜間の体温低下や睡眠の維持が促されるという報告がある。しかし、服用に際してはタイミングや量により効果が左右されるため、専門医の指導なしの服用は危険が伴うため十分な注意が必要である。

　一方、日中の覚醒時に分泌されるセロトニンは、生体リズムや睡眠、体温などの生理機能を調整するホルモンである。夜行性の生活習慣を続けていると、セロトニンの分泌不足による抑うつ状態を引き起こす危険性がある。昼間の眠気、夜間の不眠、抑うつなど心身の不調は、睡眠・覚醒リズムとその他の生体リズムの乖離が生じた場合に引き起こされる。また、不登校の子どもの多くに睡眠・覚醒リズムの障害が

認められるとの報告もある[4]。

(3) 日常生活における注意点

　サーカディアンリズムを正常に保つためには、光を浴びるタイミングと量が重要になってくる。人工の光を使って体内時計の同調を観察する実験を行う場合、生物の反応する光の強さを留意しなくてはいけない。昆虫や鳥類は比較的弱い照度でも反応し、蚊はわずか0.1ルクスの光刺激で体内時計のリズムに変化が生じる。夜行性の哺乳類は、1ルクスの照度を加えるだけで体内時計のリズムに変化が生じる。しかし、同じ哺乳類のヒトは500ルクス程度の光刺激では体内リズムに変化は起きず、2,500ルクス以上の光刺激でようやく同調が起きる。ヒトは、他の動物に比べ光刺激に鈍感であるといえよう。

　ヒトは、起床後から午前中にかけて高照度を得ることができる自然光もしくは室内光であれば高色温度の照明の光を浴びることにより、メラトニンの分泌を速やかに抑制し、サーカディアンリズムを朝型化させて、覚醒を促進する。メラトニンの分泌開始の時間帯は、起床後14時間と言われている（6時起床であれば20時前後）。その時間帯は低照度、低色温度の照明に切り替えることによりメラトニンの分泌が促され、サーカディアンリズムが夜型化し睡眠が促される。このように光は、昼夜における明暗だけでなく色温度に考慮することにより、過度な夜型化への移行を防止し、健全なサーカディアンリズムの維持につながるのである。

2. 血糖値による体内の変化

(1) 運動と血中グルコース濃度の変化

　糖質は、最も一般的なエネルギー源で、ヒトが摂取する熱量の半分

以上を占める。消化管で吸収されたグルコースは、そのままエネルギー源として体の各部組織で利用される他、肝臓や筋肉にグリコーゲンとして貯蔵され、さらに残りは脂肪に合成される。絶食時などは、必要に応じて蓄えていたグリコーゲンを分解し、血中グルコース濃度をほぼ一定（100mg/dl）に維持する働きがある。脳や延髄といった中枢神経系は、グルコースをエネルギー源としており、血中グルコース濃度が著しく低下するとその機能に障害をきたすのである。

　通常、ヒトの体内に貯蔵されるグリコーゲン量は肝臓100g、筋肉300〜500gとされている。フルマラソンによる消費エネルギーは2,800kcalと言われている。レース中は、補給した炭水化物とこれらのエネルギー源を合わせても炭水化物消費量をまかなうことはできないため、炭水化物代謝は糖新生によってまかなわれていると推測されるのである。体内の糖新生を活性化させるホルモンとしてグルカゴンがあり、長時間の運動を行った場合の後半では、糖新生が活性化され血中グルカゴン濃度が高値を示す。つまり、グリコーゲンは骨格筋で酸化され、運動するためのエネルギーとして用いられる。運動中に摂取した炭水化物は、持久性の運動の終盤になってエネルギー源として活用されることがわかっており、疲労が蓄積した状態で長時間の運動中にエネルギーを摂取しても血糖値の上昇にはつながらないのである。マラソンのような持久性のスポーツにおいては、レース3日前の高炭水化物食物の摂取がパフォーマンスの改善にもつながるという報告もなされている[5]。また、運動開始後にグルコースを摂取することにより、運動時の血糖値を維持し、疲労の蓄積を遅らせる効果があるという研究結果をCogganらは示している[6]。

(2) 低血糖による人体への影響

　健康な人では血糖値が約70mg/dl以下になるとインスリンの分泌が低下し、グルカゴンとアドレナリンの分泌が始まり、約65mg/

dl で成長ホルモン、55mg/dl でコーチゾルの分泌が開始される。これらは、主として肝臓に作用しグリコーゲンの分解や糖新生を促進し、血糖値を上昇させようとする拮抗ホルモンである。血糖値が、約 70mg/dl 以下になると空腹感や冷や汗、震え、不安感、動悸、頭や舌のしびれ、頭痛、倦怠感などの症状が出現する。これらは、血糖値の下がりすぎで引き起こされる自律神経の症状で低血糖に対する警告症状である。さらに血糖値が、約 50mg/dl 以下になると、集中力の低下、錯乱、眠気、めまい、疲労感、呂律が回らない、霧視(霧の中にいるようにぼやけて見える)、物が二重に見える、見当識障害など中枢神経の症状が生じる。これらの症状は、大脳皮質のグルコース欠乏によって脳細胞が活動しにくくなっている状態を表している。さらに、30mg/dl 以下になるとけいれんや意識消失などをもたらし死に至ることもある。

　また拮抗ホルモンを分泌させ、低血糖状態を知らせるセンサーは、主として脳にあるとされている。体循環を低血糖状態にしても、脳循環を正常の血糖に保つ限り、拮抗ホルモンの分泌はしなかったという結果が動物実験により証明されている。つまり、センサーである脳へのグルコース濃度が低下すれば低血糖と感知され、拮抗ホルモンは分泌されるが、脳へのグルコースの供給が正常に維持されていれば低血糖への反応が生じないのである。また、ラットのような小動物で、急性の低血糖にすると脳内に取り込まれるグルコース濃度が非常に少なくなるが、インスリン注射などで慢性低血糖にした場合、同じ低血糖下でも脳内のグルコースの取り込み量は正常血糖下と同じ程度に維持されたとの報告がある。これは、脳は適応能力を持っており、低血糖状態であっても脳へのグルコース取り込み能力を維持もしくは増加する機能を持つと考えられる。

　私たちが日々生活をする中で、食事を抜いたり、食事量が極端に少ないもしくは下痢や嘔吐で食事が十分に摂取・吸収できない場合は、

低血糖を引き起こす誘因となりやすい。また、普段より激しい運動をした時や過重な労働の場合も低血糖になる可能性がある。低血糖を何度も繰り返していると、低血糖である状態を認識する閾値が低下し、自覚症状が鈍化してしまう場合があるので十分な注意が必要なのである。

(3) 無自覚性低血糖とその対策

　私たちは、通常低血糖になると冷や汗や動悸、震えなどの症状が出現するが、それらの低血糖状態であることを知らせる警告症状が現れないまま低血糖状態になってしまう場合がある。これを無自覚性低血糖と呼んでおり、身体は低血糖状態になっているにも関わらず、低血糖であることを認識できない状態なのである。低血糖をしばしば起こしていると、中枢神経や自律神経の警告症状を起こす閾値が低下し、インスリン拮抗ホルモン（アドレナリン、コーチゾル）の反応が低下するといわれている。つまり、無自覚性低血糖は、アドレナリン分泌開始の血糖閾値が通常は約 70mg/dl であるが、もっと低い血糖閾値の設定になってしまったため生じるのである[7]。特に糖尿病による合併症の中でも神経障害がある患者の場合は、低血糖による自律神経症状（空腹感、冷や汗、震え、不安感、動悸、頭や舌のしびれ、頭痛、倦怠感など）が出現しないまま、重篤な意識障害を引き起こしやすい。これは、低血糖時の交感神経系のホルモンやグルカゴンの分泌が欠如し、低血糖状態の警告症状を自覚できないためであると考えられている。

　低血糖になった場合の対応は、糖質をとって安静にすることが基本である。単純糖質（砂糖、はちみつなど）は、摂取すると血糖は早く上昇するが下降も早い。一方、複合糖質（ご飯、パン、パスタなど）は、緩やかに血糖が上昇し、下降も緩やかである。空腹感や倦怠感が症状として出現した場合は、ジュースや飴などの単純糖質を含む食品を摂

取し、早めに食事をとることが必要である。血糖値がさらに低下していると思われる冷や汗や息切れ、動悸などの症状が出現した場合には、直ちに砂糖やジュースなどを摂取し、症状の回復がみられるまで繰り返す。食事は、低血糖の症状がなくなってから摂取するようにすることが望ましい。食事までの時間が、1時間以上ある場合には、おにぎり1個もしくはロールパン1個、ビスケットであれば2〜3枚程度を摂取することにより低血糖症状は回復すると思われる。しかし、意識障害や昏睡状態に陥っている場合には、窒息などの原因になるため、決して食べ物を口に入れないようにしなくてはいけない。

　私たちが血糖値を正常な状態に保つには、暴飲暴食を避け規則正しい食生活と適度な運動を行うことが大切である。また、自分の低血糖時の警告症状の傾向を知っておくことが、このような低血糖症状の予防にもつながり、無自覚性低血糖に陥らず健康な生活をおくることにつながるのである。

3. 体力と健康状態の維持

(1) メタボリックシンドロームと運動との関連

　飽食と運動不足に陥りがちである現代人においてメタボリックシンドロームは、年々増加傾向にあることが報告されており、身近な健康問題として注目されている。メタボリックシンドロームの概念は、1999年にWHOによってはじめて定義され、わが国においても8学会（日本動脈硬化学会、日本糖尿病学会、日本高血圧学会、日本肥満学会、日本循環器学会、日本腎臓病学会、日本血栓止血学会、日本内科学会）による検討会を経て、2005年にメタボリックシンドローム診断基準が発表された。2008年4月からは、メタボリックシンドローム該当者または予備軍に特定保健指導（生活習慣改善支援）を実施す

ることが義務付けられ、ライフスタイルの改善を積極的に行う意義が明確になった。

　体力の向上がメタボリックシンドロームを改善したという報告や筋力・有酸素運動がメタボリックシンドロームのリスクファクターに対する効果を検討した報告も多々ある。"シンドロームX"や"死の四重奏"が発表されていた1980～1990年代には、大学生時の運動量と卒業後の運動量とともに心筋梗塞などの心臓疾患の罹患率を調査し、大学生時の運動以上にその後の生活習慣および運動量の大切さを強調し、壮年期における体力の有無が心臓疾患の予防に関与するということ示唆した報告もある。近年では、筋力の低下が身体活動を抑制する可能性を示唆し、メタボリックシンドロームの発症に関連する可能性が言われている。

　平成23年国民健康・栄養調査の結果によると運動習慣のある人（1日30分以上の運動を週2日間以上実施し1年間継続している人）の割合は、男女ともに平成20年より増加傾向にあり、意識的に運動を心がけている人の割合は増えている。しかし年齢階級別にみると、運動習慣は20～30歳代の男性では2割程度、女性では2割を下回っている。しかし、男女とも約半数の人が、生活習慣病の予防・改善に取り組んでいると回答しており、健康状態を良好に保つための意識は高まってきていると考える[8]。

(2) 青年期の体力と壮年期の健康状態の維持

　体力測定は、対象者に最大限の能力を発揮させることにより、正確な測定が可能となる。文部科学省の2010年体力・運動能力に関する調査結果によると、20歳以降は、運動・スポーツの実施頻度に関わりなく体力測定の合計点が低下しており、低下の度合いは40歳後半から大きくなる。しかしながら、いずれの年代においても運動・スポーツの実施頻度が高い人の方が低い人に比べて合計点は高い傾向に

あり、11歳頃をピークとして79歳までその傾向は続いている。体力水準が高かった昭和60年度と運動・スポーツの実施頻度を比較すると、「しない」の率がほとんどの年齢で増加する傾向を示しており、その傾向は女子に顕著で18～19歳の女子においては約2人に1人が運動・スポーツをしていないという結果であった[9]。

　筆者が某社に保存されている個人の健康診断データおよび体力測定データを用いて若年期の体力と壮年期になった時の健康状態の維持との関連について症例対照研究を実施したところ、青年期の体力の有無が壮年期において健康状態を維持することに関与するのではないかという示唆が得られた[10]。この研究は、厚生労働省のメタボリックシンドローム基準に基づき、メタボリック状態の6項目（ＢＭＩ25未満、収縮期血圧130mmHg未満、拡張期血圧85mmHg未満、中性脂肪150mg/dl未満、ＨＤＬコレステロール40mg/dl以上、空腹時血糖110mg/dl未満）を定め、35歳以上の健康診断を受けた対象者のうち、この基準を5回の健康診断ともに満たす集団とそれ以外の集団とし、その個々の人の青年期における体力測定値と比較したものである。文部省の旧体力・運動能力調査の結果によると、昭和60年をピークに日本人の体力は低下しているという報告であった。そこで対象者が青年期であった時点の50ｍ走、走り幅跳び、ハンドボール投げ、懸垂腕屈伸、1500ｍ走、背筋力、握力の測定値を昭和60年度の平均値に照らし分類し、平均値以上の人をHigh Group、平均値未満の人をLow Groupとした。これらの結果、壮年期に健康診断結果を5年間良好に保てている集団と青年期の時点での50ｍ走、走り幅跳び、ハンドボール投げ、懸垂腕屈伸、1500ｍ走の項目がHigh Groupであることとの関連が有意であることが分かった。しかし、背筋力と握力の項目においては健康診断の結果との関連は見られなかった[11]。

　体力とは、筋力、瞬発力、調整力、筋持久力、全身持久力、柔軟性で構成されており、人間の身体活動の基礎となる能力である。懸垂腕

屈伸のように、一定の筋力をいかに長く維持できるかという筋持久性を測定するものは、筋が発達し筋肉に分布する毛細血管の発達が良く、代謝産物の除去が円滑に行われることにより高値を示すのである。筋力の指標の中でも握力は、加齢に伴う低下の出現は遅く、上肢の筋力は下肢の筋力に比べて、運動習慣などの日常生活の状況を反映しにくい。一方、全身持久力は、呼吸・循環機能が関与し、全身的な運動を長時間持続できる能力として酸素摂取量を高めるための心肺機能が良好であることが必要である。心臓疾患などの死に至らしめる疾患の予防には、筋力単独のトレーニングだけでなく心肺機能を高める運動を実施することが効果的なのである。

注

(1) Nakabayashi K, Hirayanagi K, Yajima K(2000), Effect of 18-hours Work Cycle Experience on Circadian Rhythms in Submariners, Nihon Univ J Med, vol.42 No.6, pp.315-326.
(2) 山内兄人（2006）『ホルモンの人間科学』コロナ社。
(3) 本間研一（2008）「「生体リズムの基礎知識（臨床睡眠学―睡眠障害の基礎と臨床）」日本臨床 66 巻増刊号 2。
(4) 有田秀穂（2009）「セロトニンの生理作用」小児科 Vol.50 No.13。
(5) Costill DL(1988), Carbohydrates for exercise : Dietary demands for optimal performance, International Journal of Sports Medicine, vol.9, pp.1-18.
(6) Coggan AR, Coyle EF(1986), Metabolism and performance following carbohydrate ingestion late in exercise, Medicine and Science in Sports and Exercise, vol.60, pp.1035-1042 .
(7) 野中共平（2000）「無自覚性低血糖のメカニズムと対策」Medical Practice 17 巻 1 号。
(8) 厚生労働省「平成 23 年国民健康・栄養調査結果」。

(9) 文部科学省「平成 22 年度体力・運動能力に関する調査結果報告書」。
(10) Manabe T, Teruya K, Domoto H, Yanagida S, Uriuda Y, Sakurai Y(2010), Relationship between physical ability in young adulthood and sustained healthy condition in later life, Journal of National Defense Medical College Vol.35 No.1, pp. 43-47.
(11) Manabe T, Teruya K, Uriuda Y, Yanagida S, Domoto H, Hara M, Sakurai Y (2012), Association between exercise capacity in young adulthood and healthy condition in middle age, Journal of Preventive Medicine, vol.7 No.2, pp.59-63.

5 スポーツ選手への栄養・食事指導

筒井 孝子
Takako TSUTSUI

はじめに

　スポーツ活動をする人とスポーツ活動を積極的に行わない人。両者の違いは何か。人体の構造や生理機能に大きな差はなく、決定的に異なることは「一日に消費するエネルギー量」である。つまりは「一日に摂取する食事量」が異なるのである。では、どのくらいエネルギー量が増えるのか、またそれに伴いどの栄養素を多く摂取したらよいのか、摂取のタイミングはいつか、食欲がない時はどうすればよいかなど、明確に指導できる人はいるだろうか。本来ならばスポーツ栄養学を専門的に学んだ管理栄養士に指導を依頼するのが良いのではあるが、残念ながらなかなか難しい。そのため指導者自身がスポーツ栄養学を学び、選手にアドバイスをするほかないのである。スポーツ基本法第16条では「スポーツに関する科学的研究の推進等」について定められており、指導者にも科学的視点からの指導が求められている。本稿では、これまでに明らかになっている科学的研究結果をもとに、指導者がどのように選手に栄養や食事のアドバイスをしたらよいか、管理栄養士の視点から述べさせていただく。

5 スポーツ選手への栄養・食事指導

1. 糖質の効果的な摂取を指導する

　スポーツ活動をする場合、日常生活での消費エネルギー量に加え運動としてのエネルギー消費量が増加するのは当然である。その消費分をどのように補うのか、また次に運動する時までに体内に充分なエネルギーを満たしておくことがスポーツ活動をする場合大切になるのである。

　まず、スポーツ活動を行う人に積極的に摂取して欲しい栄養素は「糖質」である。糖質は最もエネルギーに変換されやすく、糖質不足になるとたんぱく質がエネルギーとして利用されるため、たんぱく質を温存するためにも、糖質不足にならないよう配慮することが大切なのである。その「糖質」を多く含む食品は、ご飯、パン、うどん、もち、いも類などである。

　運動の3時間までには食事を終え、その後は「補食」をとる。補食は糖質中心を心がけ、血糖値の急激な上昇を抑えるような食品（GI値の低い食品）を積極的に摂取するほうが良い。つまり、バナナや玄米、そばなどを補食として摂取するよう指導するのが望ましい。白米のおにぎり、もち、ドーナツなどはGI値が高いため、摂取を控えたほうが良い。また、野菜や果物などからビタミン類を摂取するようにすることも大切である。野菜であれば葉物やアスパラ、ブロッコリー、トマトなどがお勧めである。野菜ジュースで代用することも可能ですか？とよく質問される。野菜から摂取することが一番望ましいが、偏った食品しか摂取しない(摂取できない)のであれば、果汁入りでない野菜ジュースのほうが良いと思われる。また、果物であれば、GI値の低いオレンジやグレープフルーツ、キウイなどもお勧めである。

　運動後はなるべく早く糖質を摂取するよう指導する。この時は先ほど挙げた低GI食品ではなく、白米おにぎり、食パン、もち、うどん、

ドーナツ、だんごなどの高 GI 食品が望ましい。それ以外にも、レモンのはちみつ漬けなどもお勧めであるが、決してレモンが大事なのではなく、はちみつが大事なのでレモンだけつまんで食べて終わりにすることがないよう指導していただきたい。また、夏場に運動後に糖質食品を摂取する場合、暑さで傷みやすいため衛生面を考慮し、おにぎりなどは必ず保冷剤を添えて冷やして持ち運ぶことを忘れないでいただきたい。

　糖質摂取において特に指導者が意識しなければならない大切なことは、糖質をどのような食品で摂取するかということよりも、むしろ運動後になるべく早く糖質を摂取させる時間をとることだと考えている。練習が終わり片付けをし、その後殆どのクラブでは反省会を行う。運動後の糖質が次の日の運動の糧となる「グリコーゲン」に変換しやすい時間は運動終了後 2 時間以内といわれている。つまり、長々と反省会をしていたら、糖質をグリコーゲンに変換できるゴールデンタイムは過ぎ去ってしまい、選手は次の日にグリコーゲンを充分貯蔵できていないまま練習に望むことになる。指導者として選手の体調管理に気を配るのであれば、運動後に反省会を開くよりも先に、持参したおにぎりなどの糖質を摂取させるのが良いのである。また、疲労困憊して食欲がないと訴える選手には、GI 値の高いドリンク状もしくはゼリー状のサプリメントを積極的に利用し、糖質補給させるべきである。

2. サプリメント摂取についての指導

　サプリメントは様々な種類が発売されている。医薬品的な要素を強く持つサプリメントから補食（おやつ）感覚で摂取できるようなサプリメント、エルゴジェニックエイド（運動能力増強食品）の要素が強

いサプリメントなどである。多くの指導者から、どのようなサプリメントを摂取したらよいのか、サプリメントは摂取してはいけないと聞いたことがあるが、やはり摂取を勧めないほうが良いか、どのようなサプリメントを摂取すると効果があるか、などの質問をよく受け、中でも最も多い質問は「サプリメントの摂取を中学生や高校生に勧めたほうが良いかどうか」である。管理栄養士ごとにその考えは異なるが、私としては、必要に応じて、それに依存しすぎることがなければ積極的に利用するほうが良いと考えている。

例えば、運動前にエネルギー不足を感じ空腹感を訴える選手にはGI値の低い食品を摂取させたいが、海外遠征や猛暑の中での食品衛生上の安全性を考えるとおにぎりや果物は不安がある。その場合、サプリメントは衛生面でも安心であるし、遠征時も持ち運びしやすいなどの利点があるため、何も摂取しないで済ませるよりもサプリメントを摂取したほうが良い。ただし、どのような目的でそのサプリメントを摂取するのか、については指導者がよく考えるべきである。スポーツ活動後に糖質摂取を目的にしているにもかかわらず、たんぱく質含有量が高いサプリメントを摂取するのは間違っているし、食欲がないからといって必ずしもゼリー状のサプリメントを勧めるかというと、一概にそうとも言えない。

基本はもちろん食事である。食欲がないと訴えても、子どもは意外と「食事」への食欲はないが、「お菓子・おやつ・ジュース」への食欲はある、ということも少なくない。つまり、食欲がない、即ちサプリメント摂取、なのではなく、一般食品としてのゼリーやお団子、アンパンなどの食品を補食として摂取できるかを選手自身に選択させ、それらを摂取できればそちらのほうが良い。特に夏季合宿などでは水分補給が上手くいかず、合宿半ばで食欲減退を訴える選手も多くなる。その場合、すぐにサプリメントに頼るのではなく、日頃から食欲がなくてもこれならば食べられる、という「好きなもの」「食べやすいもの」

を見つけておくことが大事である。これはスポーツ選手に限らず、一般の人も同じである。今年も酷暑で夏バテし食欲が落ちた人もいるだろう。そして、食欲が低下した日本人の夏の昼食として多く挙げられるのが「そうめん」「冷麦」である。これらは冷たく喉越しがよいので、好まれる傾向にあるが、スポーツ選手に摂取させる場合は注意しなければならない。スポーツ選手は糖質を多く摂取させたいが、その反面、冷たいものを多く摂取すると食欲は減退する。つまり、食欲がないと訴える場合は、食欲を増加させるために「冷たいもの」「喉越しのよい物」を摂取させても良いが、その後は糖質を多く含むご飯やいも類などを摂取できるよう量を調整する必要がある。そのため、ゼリーなどは良いのであるが、できれば冷たくないお団子やアンパン、とうもろこしなどが良いのである。選手自身がそのことを認識し、不必要にサプリメントに頼らなくなるよう、指導者として是非とも食事について選手にアドバイスをしていただきたい。

　また、アンパンやお団子などのお菓子類だけでよいのでしょうか？という質問もよく受ける。もちろん、食事が最も良いことは先ほどお話ししたが、どうしても食事をとりたくないという場合は、それらの菓子類に頼るか、サプリメントに頼るしかない。糖質だけではなくビタミンも摂取させたい場合は、エネルギー産生の効率化を目的としたビタミンの摂取であれば、それらの食品にストレートの果汁飲料や野菜ジュースなどを足せばよいのである。近年はジュース類も様々なものが発売されている。選手の嗜好に合わせビタミン類を多く摂取できるような添加物の少ない飲料を摂取することが望ましい。

　指導者はサプリメントを摂取させるべきか悩んだら、まず、目的が何であるかを明確にし、その目的達成のために「食事（補食）からはその目的が達成できないのか」「サプリメントのほうがより高い効果を得られるのか」について考えていただきたい。もしサプリメントを摂取させたほうが良いとの結論に達した場合は、成分表示をよく見て、

5 スポーツ選手への栄養・食事指導

目的に沿った内容物（成分）が含まれているかどうかを考え、選手の状況に応じて利用するよう指示していただきたい。

3. 貧血予防の指導

　スポーツ選手の貧血には三種類あることをご存知だろうか。成人女性の約二割が罹っているという「鉄欠乏性貧血」、運動することにより消化管や尿中に出血が生じ、また機械的衝撃による血管内破壊が生じることによる「溶血性貧血」、運動による一過性の疲労困憊が引き起こす血漿量増加に伴う「希釈性貧血」である。簡単に説明すると、「鉄欠乏性貧血」は日頃からの鉄分の摂取不足により生じる貧血であり、「溶血性貧血」は日頃からの鉄分摂取は足りているかもしれないが、運動種目や運動強度により赤血球の破壊が進み、それにより生じる貧血である。つまり、前者二つの貧血はいずれも日頃からの食生活を改善するか、もしくは練習の強度や競技種目を変更してより多くの鉄分摂取を心がけなければ完全な回復は望めないのである。一方、「希釈性貧血」は前者二つとは異なる。原因となる疲労困憊時における血漿量の増加は、発汗による血液粘性を低下させて酸素運搬能力を維持しようとするための現象であり、スポーツ選手としては好適現象であるといえる。この場合、血漿量が増加しただけで、赤血球数は変化しないため食生活の改善などは必要ない。このように、「貧血」と言ってもスポーツ選手の場合は三種類のケースがあり、血液検査をする時期とスポーツ活動の期間や強度も関係性が強くなるため、できればオフトレーニング期に採血し、血液検査を行うことが望ましい。もし、トレーニング期に検査をする場合は、貧血と診断された後食事改善に努め、再検査を実施したほうが良い。

　貧血を予防するための食事指導は管理栄養士に任せることが望まし

いが、指導者がアドバイスを行う場合は次の点に注意していただきたい。まず、鉄分不足の際に摂取を促す食品の代表は「レバー」である。もちろん、管理栄養士もまずは「レバー」を勧めるだろう。もちろん、レバーは鶏でも豚でも牛でも、ヘム鉄を多く含み、吸収率がとても高い食品の一つであり、中でも豚レバーは百グラム当りの鉄含有量が鶏や牛よりも多いため効率よく鉄分を摂取できる食品である。しかし、レバーだけが鉄分摂取を期待できる食品ではないことも忘れないでいただきたい。牛モモ肉、かつお、なまり節、いわしの丸干し、しじみ、あさりなどの食品もヘム鉄を多く含み、レバーに比べると嫌いだという子どもが少ないので、比較的利用しやすい食品である。もちろんほうれん草や小松菜、納豆、凍り豆腐、プルーンなども他の食品に比べると鉄含有量が多いのだが、こちらはヘム鉄よりも非ヘム鉄を多く含むため吸収率は低くなる。そのため、一食の食事で摂取する量に換算すると、レバーや牛モモ肉に比べると効率があまり良くないのである。しかし、例えばヘム鉄を多く含むレバーは毎日欠かさず摂取することは難しいが、非ヘム鉄は吸収率が低いものの毎日摂取可能な食品が多いのである。つまり、「鉄欠乏性貧血」や「溶血性貧血」は毎日の鉄分摂取が望ましいため、レバーや牛モモ肉、かつおなどの鉄含有量が多く吸収率も良い食品は一週間か二週間に一度は摂取するように心がけ、それ以外の吸収率の低い食品は毎日の食事で摂取するようにアドバイスしていただきたい。

　また、サプリメントを利用することもアドバイスの一つの選択肢にはなるが、一般的に鉄分不足を補うためのサプリメント（栄養補助食品）は鉄吸収率が低いものが多く、多大な効果は期待できないものが多い。サプリメントを利用する場合は、食品を摂取できない時（食欲がない時など）にし、普段はサプリメントに頼らず、日常的に利用する食品から食べやすいもの、献立に入れやすいものを摂取することを心がけたほうが良い。貧血症状が長引く場合はかかりつけ医に相談し、

診断を仰ぎ、必要があれば吸収率の高い薬剤（鉄剤）を病院で処方してもらい服用するほうが良い。

4. ビタミン摂取に関する指導

　ビタミンには多くの種類がある。大別すると、水溶性ビタミンと脂溶性ビタミンであり、それぞれのビタミンごとに様々な働きを持っている。特に、運動を実施する場合は、先にも述べたとおり糖質を多く摂取する必要があるため、その糖質を効率よくエネルギーに変換させるためにビタミンB群の摂取を通常よりも多くする必要がある。また近年は「ビタミンのもつ抗酸化作用」が明らかになり、運動による細胞の酸化を軽減するため、それらに効果のあるビタミン（ビタミンA、ビタミンC、ビタミンE）を運動前後に多く摂取するほうが良いとされている。しかし、現在のところスポーツを行う人に対する明確なビタミン摂取量の基準値というものは設定されていないのが現状である。そのため、指導者として選手にアドバイスをすることは難しいが、次のビタミン類については過不足なく摂取できるようアドバイスしていただきたい。

　まず、ビタミンB群とは、水溶性ビタミンのうちビタミンB_1、ビタミンB_2、ビタミンB_6、ビタミンB_{12}、ナイアシン、パントテン酸、葉酸、ビオチンという8種類のビタミンの総称であり、これらB群を摂取するためにどのような食品を摂ればよいかを決定するにはその種類が多すぎるため、一概にどの食品が良いとは言い難い。例えば、ビタミンB_1であれば野菜、豚ヒレ肉、レバー、牛乳などに多く含まれるし、パントテン酸であればナッツ、緑黄色野菜、鶏肉、レバーに多く含まれる。つまり、これらビタミンB群を摂取するためには、たんぱく質と野菜を摂取すればよいことになるわけである。

ビタミンAはレチノールとも呼ばれ、体内に入るとビタミンAに変換されるβーカロテンもビタミンAと同様の物質として扱われている。しかし、ビタミンAは脂溶性ビタミンであり摂取しすぎると過剰症を呈する危険性があるが、一方βーカロテンは体内のビタミンAが不足するとビタミンAに変換され利用されるため、過剰症を呈する危険性が低い。つまり、ビタミンAを摂取する場合は、動物性食品からビタミンAを摂取するよりも緑黄色野菜に多く含まれるβーカロテンを多く摂取したほうが良いことになる。これらβーカロテンを多く含む食品にはニンジン、カボチャ、ほうれん草などの緑黄色野菜に加え、海藻類などが挙げられる。

　ビタミンCは水溶性ビタミンでありコラーゲン形成に関わり、鉄の吸収を助ける働きを持つ。多く含む食品は、皆さんご存知のとおり柑橘類、ベリー類、緑黄色野菜、トマト、カリフラワー、ピーマンなどである。近年では最も広く摂られているサプリメントの一つであり、日本においては嗜好飲料から菓子類などにも多く含まれているビタミンとなっている。

　ビタミンEは脂溶性ビタミンで、ビタミンAの活性を高めたり、ビタミンCの酸化を防ぐなどの作用を持つビタミンである。大豆やナッツ、芽キャベツや葉野菜、卵などに多く含まれている。

　ここに挙げたビタミン以外のビタミン類ももちろん、食事から摂取していただきたいのであるが、スポーツを行う人たちに特に気をつけて摂取して欲しいものが前述したビタミンなのである。これらのビタミン摂取について、指導者の多くの方から戴く質問は「野菜嫌いの子どもたちへの指導」についてである。ビタミンB群、βーカロテン、ビタミンCなどを多く含む食品にはいずれも「野菜」が含まれており、野菜嫌いを克服させるようにするための工夫についての質問が多いのである。

　結論から言うと、栄養素的に充足させるためには野菜嫌いを克服さ

せる必要性はあまりないということである。これについては、管理栄養士それぞれの考え方になるが、栄養素だけのことを考えれば、子どもの嫌いな野菜を食卓に並べ、食べ終わるまで席を立たせないなどということをしなくても、他の食品から摂取できるのであればそれで充分だろうと私は考えている。先にも述べたとおり、一つの栄養素を挙げてみても、それを多く含む食品は色々とある。野菜がダメなら果物で良いのではないだろうか。ただし、私も決して「偏食」を容認しているわけではない。栄養素的には他の食品を利用して過不足なくすれば良いと述べているだけで、社会的生活を考えると「偏食」があるために将来的に友人との会食に参加し辛くなったり、「偏食」＝我侭と捉えられる場合もあるため食事の席で居心地が悪くなったりすることも充分に考えられる。できれば、高校生くらいまでには一般的に外食に並ぶ食材については好き嫌いなく食べられるようになって欲しいものである。

　嫌いなものを克服する方法は色々とあるが、まず初体験の食材こそ気合を入れて「美味しいもの」を提供することである。幼少期はその初体験で好き嫌いが決まることも多いため、食材の味を消す、食材特有の味と香りを残す、甘みを強調させる、これらいずれかを子どもの性格や特徴から判断し、調理方法を決定するのが良い。例えば、子どもの嫌いな野菜に挙げられる「ピーマン」は、そのまま切って炒めると特有の苦味がある。その場合は塩コショウで味付けするよりもオイスターソースと砂糖としょう油で少し甘めに味付けしたほうがより子どもが好む味付けになる（子どもの嗜好にもよるので、万人に好まれるというわけではないが）。また、家庭内の食卓という日常的な環境よりも野外でバーベキューなどといった非日常的な環境で食べるのであれば、あえてピーマンは丸のまま（種も取らず、洗っただけ）焼き、塩コショウとポン酢などで食べれば甘みも増して柔らかく食べやすくなるのでお勧めである。注意しなければならないのは、細かく刻んで

わからないようにしてハンバーグに混ぜたりすることもあるようだが、それは子どもにとって「食べられた」という自信にはなるが、根本的に「ピーマンは美味しい。好きになった」ということではないので勘違いしないことである。

5. 食事提供者への指導

　これまで、糖質摂取、サプリメント摂取、貧血予防、ビタミン摂取とテーマを分けて話を進めてきたが、指導者が最も力を入れてアドバイスをする必要があるのは、言うまでもなく食事提供者への助言である。指導対象者が成人以上かもしくは成人未満であっても食材の準備や調理を担う者であれば、スポーツ活動をしている本人にアドバイスをすることになるのだが、児童・生徒の場合は保護者（多くの場合は母親）になる。

　食事提供者への指導として大切なことは、その必要性を明確に話すこと、そして各家庭（母親）ができることを適切にアドバイスすることである。例えば、仕事を持っている母親に対して、「練習後に食べられるおにぎりを準備して欲しい」と伝えても、実際に朝の忙しい時間におにぎりを作り持たせられるかどうかは各家庭（母親）の状況による。指導する側としては、「おにぎりくらい作れるでしょう」と思っていても、実際に食事提供する側としては「中身はどうしよう」と悩むことになるし、おにぎりを握る時間も惜しいと思うかもしれない。しかし「練習後に食べられるのであれば、タッパーにご飯とふりかけだけで良い」「ラップにご飯を入れて丸めてくるだけで良い」と助言されれば、それなら持たせられる人も多くなるはずである。つまり、「おにぎり」が必要なのではなくて、「糖質」が必要なのだということを明確に伝えるべきなのである。

5　スポーツ選手への栄養・食事指導

　また子どもたちのお弁当を見せてもらうと、野菜嫌いの子どものお弁当に野菜がたっぷり入っている場合もある。食事提供者は「みなの前でお弁当を残すわけにいかないから、きっと食べてくるだろう」とか「指導者が食べるように助言してくれるだろう」と期待して持たせているのかもしれないが、それは違うということを食事提供者に伝えることも大切である。ビタミン摂取について前述したが、野菜ではなく果物でもビタミンは摂取できるのだから、わざわざ子どもの嫌いなおかずを入れなくてもよいのである。それでもお弁当に野菜を入れたいというのであれば、食事提供者からその理由を聞き、例えば「指導者が食べるように助言してくれるだろう」ということを希望しているのであれば、指導者は「嫌いな野菜も食べられるようになったのか、偉いなぁ」などと先に褒めてあげ、「嫌いなものでも食べなさい」という子どもへの声かけはしないほうが良い。例え、子どもがその野菜を食べられるようになっていなかったとしても、指導者は「食べられるようになって、すごい」と言うのである。それにより子どもは食べようと思うかもしれない。もし、「いや、僕はまだ食べられない」と言われてしまったら、「そうか、残念だな。頑張って食べられるようになったのかと思った。美味しさがわかるようになるといいなぁ」と伝えればよいのである。

　食事提供者とは充分に連携をとり、食事の重要性を理解してもらえるよう助言し、指導者と一丸となってスポーツ活動をする選手を支える気持ちを持ち続けてもらう必要があるのである。

6 体育・スポーツにおける生理学的指標の活用例

佐伯 徹郎
Tetsuro SAEKI

はじめに

近年は、マラソンブームともいわれ、各地のマラソン大会のインターネットでの申し込みが、開始後数十分で定員に達し締め切られてしまうこともある。2007年から始まった東京マラソンの2013年大会の申込人数は303,450人、抽選倍率は約10.3倍で、いずれも過去最高となっている[1]。

しかし、一般的に、学校体育におけるいわゆる"持久走"は、単調、きつい・つらいと生徒に不人気な種目（単元）であると思われる。トップレベルの球技スポーツにおいても、持久力トレーニングが好きだ！と言う選手は少ないだろう。勝利を目指す上でスタミナは必要であり、持久力トレーニングは重要であることを頭では理解していても、やりたい（want）ではなく、やらねば（must）で取り組むので、ストレスが大きい。そして嫌々取り組んでいると、苦しい思いほどの成果も出せず、ますます嫌い・義務感（must）になるという悪循環になりうる。また、健康づくりにおいては、運動嫌いで、走るなんてとんでもない！絶対嫌！という人にとっては、運動・スポーツによって消費カロリーを増やすのではなく、摂取カロリーを抑える無理なダ

イエット（食事制限）をするという問題もある。さらには、好きで高い意識で取り組んでいるはずの中長距離選手においても、低強度であっても長時間、短時間であっても高強度の高い負荷のトレーニングに日々取り組んでいるので、いわゆるバーンアウトのリスクが大きくなるという問題もある。

　このように、"きつい・厳しい・嫌い"の"3K"運動（!?）ともいえる持久走であるが、その運動特性をスポーツ基本法の前文にある用語に当てはめて考えると、中学生期の心肺機能の発達に有効であり（「心身の健全な発達」）、脂肪燃焼能力を高め生活習慣病を予防し疲れにくい体を作り（「健康及び体力の保持・増進」）、全力発揮による爽快感あるいはフルマラソンチャレンジのような達成感を味わえ（「精神的な充足感の獲得」）、さらには、記録向上、勝利追求、フルマラソン完走などの様々な目標達成を目指した取り組みの副産物として、「自律心その他の精神の涵養」につながることが期待される「運動競技その他の身体活動」であるといえよう。

　そこで本稿では、"3K"イメージの強い持久走について、きつく頑張らなくても効果が出せることを、客観的・科学的な生理学的指標の活用法として紹介したい。このことを通して、スポーツ基本法の第16条「スポーツに関する科学的研究の推進等」にある「研究の成果を活用」の例、そして、第17条「学校における体育の充実」にある「スポーツに関する技能及び生涯にわたってスポーツに親しむ態度を養う」や「指導の充実」「教員の資質の向上」などにつながるヒントが提供できることを期待する。

1. 合理的な持久力トレーニングのために活用できる指標について

　安全、効果的に持久力を高めるためには、何らかの目安、指標が必

要であろう。トレーニングにおいては、物理的運動強度（走速度、自転車の摩擦抵抗など）、生理的運動強度（酸素摂取量、血中乳酸値、心拍数など）、心理的運動強度（主観的運動強度（RPE：Ratings of Perceived Exertion）など）がある。このうち、ランナーは、物理的運動強度すなわち走速度（多くは1kmを何分何秒で走ったかのペース）を用いることが多い。優れたランナーのペース感覚は、400mで1秒ずれることなく走り続けることができるほどである。しかし、ランニング初心者は、このペース感覚に劣り、例えば、前半から自分の力を上回るペースで走り後半大きくペースダウンしてしまう、いわゆる"オーバーペース"に陥りやすい。

　オーバーペースにならない各自の最適ペースを把握するために、本来ならば、生理的運動強度から最適な強度設定ができるとよいが、酸素摂取量や乳酸値の測定は、高価な機器や専門のスタッフが必要であり、手軽に実施できない。そこで、普段のトレーニングやレースにおいて、様々な速度や距離でのランニングにおける記録（距離とタイム）を残していくことで、ペース（物理的運動強度）感覚を磨いているものと思われる。その際に、心拍数やRPEも記録しながらトレーニングすることで、より早く、正確なペース感覚を身につけることが期待できる。

　ここで、RPEについて説明したい（表6－1）。RPEは、運動における感覚的な努力度合い、きつさを6～20のスケールで示したものである。表6－1のように、運動強度の増加にともなう様々な疲労感と関連し、酸素摂取量や乳酸値などの生理学的指標との関連も強いことが証明されている。したがって、感覚的な指標ではあるが、かなりの精度で運動強度を評価することができる有用な指標であるといえる。

　次に、このRPEを用いて、安全、効果的に持久力を高める方法について紹介する。

6 体育・スポーツにおける生理学的指標の活用例

●表6-1 主観的運動強度（RPE）について

疲労感		主観的運動強度（RPE）			走種目
呼吸	筋肉		（感覚的なきつさ）		
<心拍数>	<血中乳酸>	20			
息が詰まる	かたまり感	19	… 非常にきつい		
<180～200>	<8～16>	18		高強度の無酸素性運動	800m走
ゼーハー	パンパン感	17	… かなりきつい	（最大3～6分）	
<160～180>	<4～8>	16		中強度の無酸素性運動	5000m走
リズムはとれる	緊張感強	15	… きつい	（最大6～10分）	
<140～160>	<2～4>	14		高強度の有酸素性運動	ハーフマラソン
話ができる	やや張り	13	… ややきつい	（最大10～20分）	
<120～140>	<2前後>	12		中強度の有酸素性運動	フルマラソン
意識しない	余裕	11	… 楽である	（20～60分）	
<100～120>	<1～2>	10		低強度の有酸素性運動	
		9	… かなり楽である	（60分以上）	
		8			
		7	… 非常に楽である		
<拍/分>	<mmol/L>	6		※（　）は総運動時間の目安	

2. 無理なくスタミナアップ・シェイプアップできる運動強度について

　一般的に、健康体力づくりの運動やトレーニングにおいては、「楽」（RPE11）ではなかなか効果が出なくて続かない。では、効果を目指して高い負荷にすると、これまた「きつい」（RPE15）からと続かない。しかし、運動している人は、成果（スタミナアップ、シェイプアップ）は出したい。というように、筆者のようなトレーニングオタクからすると、「何をワガママな！」と思わせてくれるようなことを見聞きする。しかし、そこで匙を投げたら"専門家"ではないので、「それなら、少しはガンバって"ややきつい（RPE13）"はどう？」と、"妥協案"

73

を提案してみる。「ややきつい」でも嫌がる人は多いが、「ややきつい」の運動強度は、脂肪利用量が最大、脂肪利用能力（AT）向上に有効、などと生理学的な根拠や効果を説明し、まずは少し強度を上げた運動に取り組んでもらうようにアプローチする。

　ここで、AT（Anaerobic Threshold：無酸素性代謝閾値）について説明したい（図6－1、6－2）。運動強度（ここでは走速度）を徐々に増やしていくと、心拍数やRPEは直線的に増加するが、糖が無酸素的に分解されることで生じる乳酸は、ある強度までほとんど増加しないが、ある強度（閾値）を越えると、急激に増加してくる。その閾値ポイント（強度）がATである（図6－1）。AT強度では、乳酸が蓄積せず、疲労感も強まらず、理論的には数時間運動を続けることができる。また、脂肪の燃焼効率が高く、燃焼量も最大になる強度なので、有酸素性能力の向上やシェイプアップに非常に有効であり、高齢者の安全な運動強度の上限、あるいはアスリートの基礎的スタミナ向上のトレーニングなどの目安に用いられている。

　このATは、乳酸値や換気量などの急増点（閾値）から評価されるが、多くの研究からRPE13（ややきつい）に相当するとされていて、感覚的に評価することも可能である（図6－2）。つまり、「ややきつい」という感覚で運動すれば、無理なく効果が出せる強度の運動になる。しかし、やはり感覚は感覚なので100％の精度ではなく、また、そのような感覚を掴むためには慣れも必要である。そこで、上述したような物理的強度指標である走速度（ペース）や手軽な生理学的指標である心拍数とも照らし合わせながら、AT強度を把握する必要がある。AT強度の心拍数の目安は、最大の60〜80％の範囲と幅があり、具体的な数値では120〜180拍/分とさらに大きな個人差がある。ペースとRPE、実施者の運動感覚、指導者の印象評価（観察）を照らし合わせて、いろいろなコンディション（体調、天候）で繰り返し、記録していくことで、自分の心拍数の目安を理解・把握できる

6 体育・スポーツにおける生理学的指標の活用例

ようになってくる。

ATのように根拠ある運動強度を目安として、例えば運動初心者に対しては、「楽ではなかなか効果出ないですよね。でも、きついのも嫌ですよね。どうしましょうか。せっかくなので、少しだけ"ややきつい"まではガンバって、1回1回の運動による爽快感、達成感を味わいながら、まずは続けてみませんか!」と声をかけながら、またやろうと思えるように導きたい、あるいは、さらに高いレベルを目指すマニアックなランナーを増やしたいと考えている。

次に、このような"最適強度"(AT)の評価法、および評価能力を高める取り組みについて紹介したい。

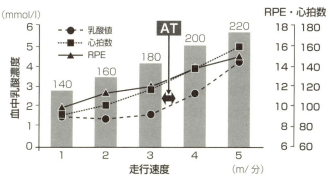

●図6-1 ATの求め方①：走行速度と乳酸値・心拍数・RPEとの関係から

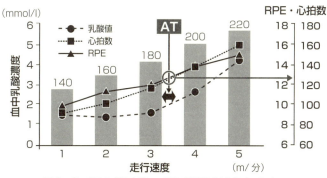

●図6-2 ATの求め方② 〜AT≒RPE13(ややきつい)〜

3. 適切な運動強度を把握するために

*2.*のように、根拠を説明し、「ややきつい」を推奨しても、やはり頭だけでは納得しにくく、「ややきつい」の運動感覚も理解・実感・実行までには時間がかかる。そこで、筆者の勤務校の2年次授業である「健康スポーツ演習（ウォーキング・ジョギング）」（目的…ウォーキング・ジョギングの運動特性を理解し、さまざまな効果を目指した実践法、指導法を習得する）で用いている方法を紹介したい。この授業以外でも、市民ランナー、高校生のトップランナーなどでも、このような「多段階ペーステスト」を用いて、持久力レベルやコンディションを評価している[2]。

「ペーステスト」（タイム（ペース）、心拍数、RPE の記録）は、以下のような手順で実施する（資料6−1参照）。

①コンディションチェック→W・up（フォーム練習、心拍数測定を含む）

②「3段階ペーステスト記録表」：600m を「普通〜やや速く〜かなり速く」の3段階でジョギング（〜ランニング）し、各段階終了後に心拍数を測り、RPE を記録する。

※二人組で、一人目が3段階実施したら二人目が実施する。「フォーム・チェック」欄も利用した観察（表情、呼吸の様子、フォームの乱れ）も重視し、ペースやフォームに関して意見交換する。

※「最適ペース目安」：RPE・心拍数と速度（時速）との関係（グラフ）から、基本的には RPE13（ややきつい）になる強度（速度）を探す。

※ゆっくり〜速くの運動感覚、パートナーの印象評価（観察）、データ（RPE、心拍数）を照らし合わせて、自分の最適ペース（や

6 体育・スポーツにおける生理学的指標の活用例

やきつい、脂肪燃焼最大強度）の確認・発見を目指す。
③「最適ペースジョギング」：「最適ペース目安」をもとに少し長い距離（900m）を走ってみる。

　ジョギングを扱う約2ヵ月間の授業全体の流れとしては、まずフォームの評価＆練習を実施し、2回目にペーステストを実施して、3回目以降は、「ややきつい」ペース感覚を習得し、無理なく効果的なジョギングが楽しめるようになることを目指して、ペースジョギング1500m → 30分間ジョギング→ペースジョギング3000m → 7km野外走と展開する。

　最初、「ペースがわからない」「ややきついってどんな感じ？」と言っていた学生たちが、徐々に、「最適ペースつかめた！」「無理なく心地良く疲れを感じる気持ちの良いジョギングの仕方がわかった！」「続ければシェイプアップ成功できそう！」などのコメントをするようになってくる。これらのコメントからも、いわば"頑張らなくてもスタミナアップできる"強度があることを理解・実感することにより、3Kイメージの強い持久走（ここではジョギング）のイメージが良くなったと考えている。しかし、この授業期間だけでは把握しきれない学生も少なくない。また、本当に良いフォームになったのか、最適ペースをつかめたのか、成果が出るのか、などについて明らかにするためには、（授業内でも、自主的にも）3ヵ月程度の反復・継続による検証が必要である。授業全体のコメントについては、「正直、最初は嫌だったけど、楽しくできた！」「ジョギングが好きになった！」「これからも続けたい！」「シェイプアップ成功できそう！」など、授業終了後の自主的、自律的な取り組みへの発展が期待できるものが多くあった。しかし、これも追跡調査することが今後の課題であろう。

　このように検証が必要な点も多くあるが、誰もが体験してきている持久走に関する理論と実際について、自分の感覚、他者の印象評価、データの3つの視点を関連付けて評価することで、無理なく効果の

出せる"最適強度（AT）"の理解・実感につながることが期待される。そして、このことは、その後、それぞれの目的・目標に応じたジョギング・ランニングを楽しむこと、すなわち、スポーツ基本法の第17条にある「生涯にわたり運動・スポーツに親しむ」ことにつながるといえるのではないだろうか。このような取り組みとその成果は、スポーツ基本法の「第6条　関心と理解を深め参加及び支援を促進、第14条　心身の健康の保持増進及び安全の確保に関する知識の普及、第16条　研究の成果を活用、第17条　生涯にわたってスポーツに親しむ態度を養う」などに通じるものと考える。

4. 無理なく効果的にスタミナアップする方法　～"ややきついインターバル"の紹介～

3.で紹介したように、RPE13（ややきつい）の運動は、無理なく数十分（20～120分）続けることができ、安全にスタミナアップの効果が期待できる。しかしそれでも、「"やや"といえど"きつい"のは嫌」だったり、運動に慣れていない人は、20分続けることも難しい場合がある。また、上級者でも、エネルギー代謝的には中程度の負担だが、脚筋や内臓への疲労や集中力の持続など身体的・精神的負担の高いランニングであり、故障のリスクもある。

そこで、「ややきつい」ペースであり連続して走れるが、あえて短い休息を挟み、いわば"分割ペース走"という考えによる"ややきつい（AT）インターバル"の方法を紹介したい[3][4]。これは、「ややきつい」ペースで3～4分または1km前後を走り、1分または200m程度の休息（ゆっくりのジョギング：RPE11以下）を挟み、5～10回繰り返す方法である。トータル（総運動時間）でみるとAT向上という生理学的な効果は期待でき（脂肪利用能力は高め）つつ、休みを挟むことで、脚筋への負担を軽減し（故障予防）、気持ちの切

り替え（集中力の持続）もしやすくなると考えるものである。

筆者の実践例として、研究活動が優先する大学院時代に、RPE13 × 3分（RPE11 × 1分）× 10 または 1000m（200m）× 10 を週1～2回実施していた。もちろん、いわゆるペース走やインターバル走など高負荷のトレーニングも行っていたが、走行距離が少ない中でも、800mから5000mと幅広い種目で自己記録を更新し、20kmという長い距離でも予想以上の記録を残すことにつながったと感じている。

また、高校女子ハンドボール選手の指導例としては、春からの練習において、RPE13 × 600m（RPE11 × 150m）× 5、週1～2回実施し、コーチからは「ホントにこの程度でいいの？ 全力で走らせたほうがいいのでは？」と疑問を持たれつつ、秋の県大会で準優勝という結果が出て、コーチからも「この程度の走り込みでもスタミナアップの効果があったと思う」というコメントを頂いた。このコーチが言うように、確かに全力に近い（RPE15以上）ランニングのほうが効果は大きいが、球技の技術・戦術練習への影響（体力面、心理面ともに）を最小限にしたいこと、AT向上という基礎的なスタミナアップの効果は出せることなどからこのような方法を用いた。もちろん、さらに高いレベルを目指すためには、球技スポーツに特異的なスタミナを高めるようなダッシュインターバルなどが必要となる。しかしその際にも、まずは基礎的なスタミナ（AT）を高めた上で高強度のトレーニングに取り組むことで、疲労回復を促進したり、故障を予防したりすることが期待できよう。

このような考えと方法、そして実践例は、生理学的な根拠をもとに、無理なく安全に、初心者でもやや速いランニングを楽しみ効果を出すこと、また競技スポーツにおいても、自分の心身のコンディションに応じてスタミナアップを図ることなどが期待できるものである。したがって、これらのことは、スポーツ基本法の理念の一つである「生涯

にわたりあらゆる機会とあらゆる場所において、自主的かつ自律的にその適性及び健康状態に応じて行なうこと」につながる運動・スポーツに関する考え方、方法といえるのではないだろうか。

おわりに

　本書の第1、2、7章等でも取り上げられているようなスポーツ指導者の問題の一つである体罰、暴力について、残念ながら、今年に入り世間一般において大きな話題となっている。いろいろな原因、論点があるかと思うが、本稿で紹介したように、いわゆる"きつい"持久力のトレーニングも、初心者はもちろん、トップレベルであっても、科学的に効率的に行うことで成果が出ることを理解し、基礎的なスタミナを高める地道な取り組みの面白さを実感し、納得できれば、体罰につながるような強いプレッシャーを指導者から受けずとも、より高いレベルを目指して、自主的かつ自律的に、高い負荷（きつい・つらい）のトレーニングにも取り組むように導くことができるのではないだろうか。

　競技スポーツにおいて、「女子選手は管理しないと強くならない」という説はよく耳にする言葉である。しかし、世界陸上400ｍＨで2回の銅メダルを獲得した為末氏の「管理型から脱却し自立した選手出よ」の記事[5]にあるように、「選手の引退後の人生」「本当の意味で強い選手」のために、きついトレーニングに対して、科学的根拠を理解し、客観的指標を利用して、面白がって苦しむ、いわゆる"科学的根性練習"（ある指導者の言葉）の考え方を伝え、広めたいと考えている。

　スポーツ基本法にある「スポーツを通じて幸福で豊かな生活を営む権利」のために、本稿で紹介したような、"きつい・厳しい・嫌い"の"3K"運動のイメージがある持久走における科学的根拠に基づく客

6 体育・スポーツにおける生理学的指標の活用例

資料6-1

健康スポーツ演習(ウォーキング・ジョギング)　　　　　　　　　　　　　　　年　月　日(　)

最適ペース(脂肪燃焼最大ペース)を見つけよう！〜3段階ペーステスト〜

◆コンディションチェック(主観的評価：とても良い◎-○-□-△-×とても悪い)

体調	意欲	疲労感	就寝//起床時刻	朝食	安静時HR	最近のウォーキング実践について			
						時間・距離	ペース	筋意識	頻度(週)
			//						

◆「3段階ペーステスト」記録表　　　　　　　　　　　　　　　※1周目と2周目に10秒間で数える。

m	タイム (分.秒)	速度 (m/分)	ペース (km/時)	ペース (分.秒/km)	心拍数 (拍/分)	RPE 呼吸//脚	歩数 (10秒間)	ピッチ (歩/分)	ストライド (cm)
第一段階 普通に						//	① ②		
第二段階 やや速く						//	① ②		
第三段階 かなり速く						//	① ②		

※重力・反力利用意識を高めて　　　※計算する　　　※10秒間の値を6倍　　　※ピッチとストライドを計算
　ペースアップさせていく

最適ペース目安

	心拍数	ピッチ
RPE15以上 :心肺機能向上		
RPE13前後 :脂肪燃焼能力向上		
RPE11以下 :脂肪燃焼"割合"高い		

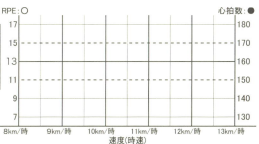

◆フォーム・チェック：自分の感覚と人の見た目から、主観的に評価してみましょう。
　※「他者」評価…第一段階でザッと見て、第二段階でしっかり見て、第三段階で確認し記入する。

チェック項目(とても良い◎-○-□-△-×とても悪い)	自己	他者	コメント：走りの特徴(良い、悪い)の意見交換など
前進感・スムーズさ・ピッチ(リズム)はトータルでどうか？			
重力利用できているか？：適度な前傾姿勢、真下接地			
反力利用できているか？：膝が曲がり過ぎない、弾み感			
脚のハサミ動作はどうか？：脚の入れ替えの素早さ、股関節利用			
腕振り・上体のバランスは良いか？			
リラックスしているか？			

◆最適ペースジョギング：脂肪燃焼が最大になるペースを確認しよう　　　※自分で数えてみよう！

m	タイム (分.秒)	速度 (m/分)	ペース (km/時)	ペース (分.秒/km)	心拍数 (拍/分)	RPE 呼吸//脚	歩数 (10秒間)	ピッチ (歩/分)	ストライド (cm)
最適ペース ※マイペースで！						//	① ②		

◆学籍番号　　　　　　　　　　◆氏名　　　　　　　　　　◆身長　　　　　cm

※意見・感想・質問(特に自分の"最適ペース"について)

観的指標を活用した取り組みが、一つのヒントになれば幸いである。

注

(1) 一般財団法人 東京マラソン財団（2013）「東京マラソン 2013／ランナー参加者申込み状況について」TOKYO MARATHON 2013。
　　<http://www.tokyo42195.org/2013/info/news/621>（2013 年 2 月閲覧）
(2) 榎本靖士（2010）「中長距離選手のコントロールテスト」陸上競技クリニック Vol.8。
(3) 佐伯徹郎（2007）「誰でも走れるハーフマラソン」ランナーズ 2007 年 4 月号。
(4) 佐伯徹郎（2011）「インターバルトレーニングを総合評価として考える」トレーニングジャーナル 2011 年 6 月号。
(5) 為末大（2012）「管理型から脱却し自立した選手出よ」五輪コラム 爲末大学 オリンピックを考える。<http://london2012.nikkansports.com/column/tamesue/archives/p-cl-tp0-20120808-997207.html>（2013 年 2 月閲覧）

6 体育・スポーツにおける生理学的指標の活用例

7 スポーツ心理学からのアプローチ

高井 和夫
Kazuo TAKAI

はじめに

2011年11月アメフトの強豪校ペンシルバニア州立大学のアシスタント・コーチ J・サンダスキーが、少年に対する性的虐待行為の常習犯として逮捕され、本人の裁判の動向に衆目の注視が集まったとともに、事件の隠蔽工作疑惑に関わったとされる学長の解職、伝説的監督 G・パターノの解雇、パターノ急死後もその関与の追及、不祥事を知り得た期間の勝利記録の抹消、と続いた[1]。同時に、NCAA（全米大学スポーツ協会）が同大フットボール部に下す処分の行方が注目され、「死刑宣告」とも呼ばれる苛烈な懲罰が下された[2]。この厳罰の理由として、NCAAは「（有力校である同大は）あまりに大きな存在であるがゆえ、結果的に誤りを認めず、隠蔽を選択させた。これは大学スポーツへの背信行為であり、その再出発には伝統と栄光の除去が必要」と判断を下した。

本誌連載企画のテーマであるスポーツ界の憲法とも称されるスポーツ基本法には、スポーツの権利が明記されたことと、国家戦略としてスポーツ推進が位置づけられたことに特徴がある[3]。しかし上記の事件はスポーツの持つ魅力と影響の強大さに反して、その個と組織の管

理と統治において監視と規制が及ばぬ事実を露呈している。基本法第2条に「スポーツは、これを通じて幸福で豊かな生活を営むことが人々の権利である」と記されているが、この定義については制定をめぐる議論の中で扱われておらず今後の議論が必要、とされる[4]。スポーツを通じた国民一人ひとりの幸福と権利とは何だろうか？この議論には複数の当事者が複雑に絡み合い全体像の理解はなかなか難しい。

　逆説的にスポーツの推進や権利を脅かす事態とは何か？ CCES（カナダスポーツ倫理センター）の「スポーツの発展を妨げる6つの脅威」によれば、ドーピング、暴力、子どものスポーツ活動に関わる親の理解不足や問題行動、地域のスポーツ団体の統治不全、スポーツ参加のし難さ、および反面教師としての一流選手の失態、と挙げられている[5]。スポーツ権はごく当たり前で等閑視されそうだが、その侵害については意外にも身近な事象で、選手―指導者の関係性の中で遭遇することが多いと予想される。例えばスポーツにおける指導者等による暴力は深刻な問題であり、子どもを守るための方策については詳細な報告書[6]が公刊されており、本邦の相撲部屋でのしごきによる力士死亡事故事例が記載されている。また朝日新聞の投書欄に掲載された「鉄棒の『できない見本』にされ」[7]に静かな反響が寄せられたように、発達の途上にある学習者の自尊心を傷つけ、スポーツへの嫌悪感と参加忌避を増幅させる不適切な「指導」の存在も根深い。

　従って、先の事例にも象徴されるように選手個人、指導者、そして組織の間の現状と課題を整理することで、「スポーツ権」という古くて新しい問題のこれからについて方向性が探れるかもしれない。そこで、選手と指導者間で生じる現状や問題の一端を振り返りながら、今後のあるべき姿の理解への接近を試みる。

1. 社説に見る指導者に関わる事件

　新聞社説でスポーツ指導者について記事を収集すると、国際舞台での活躍を讃えた話題がある一方で、「スポーツセクハラ　女性指導者をもっと」[8]、「女性スポーツ　まだまだ壁は高い」[9]、「高校野球『愛のむち』はいらない」[10]、「英才選手指導　将来のメダリストは育つか」[11]、「仲裁機構　スポーツ界の透明性が問われる」[12]、などスポーツ人口の拡大と多様化・高度化と対照的に、競技スポーツの偏重と生涯スポーツの軽視、熱心な指導と体罰・ハラスメントの線引き、選手選考の不透明さと有力者による情実、競技力向上と薬物の誘惑など、スポーツ界という閉じた「男」社会と、そこで生業を食む指導者が絡む旧態依然の問題が存在する。

　陸上競技の高名な指導者による深刻な「事件」が相次ぎ、日本陸連は「倫理に関するガイドライン」をまとめた[13]。A3判で3枚に、その定義、防止策、そして具体例（配慮すべきこと）が並んでいる。その後「セクハラ、課題多いスポーツ界　『ガイドライン』発表から4ヶ月」[14]の論評において、「ガイドライン」へのセクハラ防止への肯定的意見とともに、選手への「熱心な指導」と「セクハラ」の線引きに苦悩する指導者の姿、欧米のさらに進んだガイドラインの実例、そして表に出せない声を掘り起こす相談窓口の充実不可欠、と論じた。その後も同様の「事件」は表沙汰にならないものも含め後を絶たず、数年のみそぎを経て別のチームの指導者に復帰するなど、指導者の仲間内ではこの種の問題や事件への認識は甘い、と指摘されても反論はできない。

　現状では、「ガイドライン」は「〜を守るべし」という注意喚起に止まり、各指導者の性善説と「良心」に頼むしかない。欧米のガイドラインには盛り込まれている、上述の記事に表れるようなスポーツと

「欲」（金、性、地位、権力）の根深い関係については言及されず、その閉鎖的で封建的な同業者集団に潜む文化的背景への理解や、問題の未然防止と対応策のより踏み込んだ実施には及んでいない。

2. 求められる指導者の資質とは

　（財）日本体育協会は公認スポーツ指導者の認証制度を通じて、国民スポーツ振興と競技力向上に資する指導者養成を担ってきた。その「21世紀のスポーツ指導者」[15]に示された「望ましい公認スポーツ指導者」とは以下の10点にまとめている。①コミュニケーション・スキルを身につけ、「選手の話を聞く」、「叱るより良い点を誉めて伸ばす」、「教えすぎず選手に考える力を付けさせる」、「責任（感）を持たせる」、など選手のやる気と自立心を育てる支援をする。②スポーツマンシップとフェアプレイに代表される道徳的規範を身に付けるよう支援する。③選手が明確な目標を設定できるよう支援する。④スポーツに親しむきっかけと機会を提供する。⑤スポーツとの出会いから、その継続化へ支援する。⑥スポーツを通じた仲間づくりを支援する。⑦日常生活にフィットしたスポーツとの関わりにつながるようプログラムを提供する。⑧長期一貫指導システム（競技者育成プログラム）の理念と方法を理解し、選手一人ひとりの発達、技能、要求に応じたその年代に最適な指導を行う。⑨スタッフ間の連携・協力体制を構築し、選手の最適な練習環境を提供する。⑩自己研鑽に常に努め、社会に評価される指導者を目指す。

　具体的なコーチ行動への心がけとして「PATROL」なる興味深い基準を提案している。これは以下の6つの鍵概念の頭文字を合成した標語である。Process（結果ではなく、その過程を重視する）、Acknowledgement（選手の話や意志を傾聴し、自らの存在を承認し、

励みとする)、Together(指導者も選手と一緒に動き、楽しみ、考える)、Respect(選手一人ひとり個性と考えを尊重し、互いを尊敬し合える関係とする)、Observation(選手の特性や個性、その変化や兆候についてよく観察する)、Listening(自分が話すより、選手の話に傾聴しよう。選手に「こうなって欲しい」を押しつけず、選手が「なりたい」自分に気づけるようたくさん話をする)。

　求められる指導者行動の涵養は、資格取得が必要条件ではなく、その後の不断のスポーツと選手との学び合いを十分条件とし、その錬成がなされていく。指導者となり、あり続けるため、スポーツ指導者の資格取得もさることながら、講習会による知識や技量の更新や指導実践事例のカンファレンスなど、事後のコーチ教育もまた重要である。上述の基準においても心がけの視点は指導者から選手に向けられているが、指導者自身のコーチ行動の振り返り(省察)はいかになされるのだろうか？「人の振り見て我が振り直せ」の言に反して、自らの行いについてはなかなか気づかぬ部分が大きい。

3. スポーツ権を保障する指導者のあり方

アメリカ・スポーツ教育プログラム (ASEP)[16]

　青少年期に経験されるスポーツ環境に期待される質の向上を図るべく、正課の体育科の授業や課外活動における指導者の役割は大きい。学校を中心に活動するスポーツ指導者向けのプログラムとしてASEPがある。ここでは①ユース・スポーツ指導者向けのプログラム、②高校や大学の部活動指導者向けの専門的プログラム、そして③救命救急法(心肺蘇生法やAED)のプログラムが含まれる。内容には、チーム運営と管理、応急処置、コーチング理念、倫理等が含まれる。40州の高校の連盟、200の大学、13の国内統括団体では、指導者向け

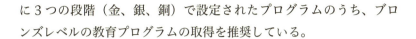

に3つの段階(金、銀、銅)で設定されたプログラムのうち、ブロンズレベルの教育プログラムの取得を推奨している。

スポーツ・コーチのナショナル・スタンダード

　全米スポーツ・体育協会(NASPE)は、コーチの質の保障のためのナショナル・スタンダード[17]を設定した。コーチングに関しては8つの領域(指導者に求められる倫理観と理念、安全管理と障害予防、体調管理、発育発達、指導と意思疎通、スポーツの技能と戦術、チーム運営と管理、そして個人及びチームの評価)から構成され、さらに各領域の中に40の目指すべき基準を置く。

　世界最大のスポーツ大国である米国においては、指導者に対しては過去の実績や経験に過度に依存することなく、指導者であり、指導者となるための、教育プログラムが設けられている。全米オリンピック委員会(USOC)にはコーチング教育部が置かれ、コーチング・プログラム開発の補助、エリート・コーチの教育機会の提供、そしてベスト・コーチ表彰などの事業を行っている。当委員会は各国内統括団体に対して、選手をコーチによる虐待から守るため、コーチ選出の際に経歴調査を行うことを奨励している。スポーツに関わる者の裾野は極めて広いが、指導者に一定の資格要件を奨励し、その教育機会の提供を図ることは、選手のスポーツ権の尊重と指導者資質の向上に多大な役割を果たすだろう。

　ところで、体育科教諭に対してはスポーツ・コーチとは独立して基準[18]が示されている。①6つの基本的な基準(Initial Standards学士レベルの基準:科学的及び理論に裏付けられた知識を有すること、自らが技能関連及び健康関連の体力において有能であること、児童生徒の健康・体力を保障する指導計画と実践力、指導力と授業力、児童生徒が伸びゆく姿を評価・見越すこと、及び指導者としてのプロ意識)が置かれる。さらに②より専門家としての3つの基準(Advanced

Standards 修士レベルの基準：教科の内容や指導法に関するより専門的な知識を有すること、学習者の成長を促すより専門家としての指導計画の立案と実践、及びより専門家としての成長のため児童生徒と共に学び続けること）が示されている[19]。わが国においては体育科教諭が部活動指導の中核的な役割を担う場合が多く、指導における体育とスポーツの明確な位置づけを議論することは多くはないが、学校体育における児童生徒の健康体力に対するナショナル・ミニマムの保障について考えるとともに、「スポーツ権」理解の普及とその保障に向け、それぞれの役割と責任を改めて問い直す段階にある。

「名選手、名指導者に〜」との戒めのごとく、指導者には選手・学習者の理解、専門的知識の理解、教授法・指導法の理解、そして自身への省察を含む指導者理解が常に求められるが、現状ではその不足が指摘される。「指導者は背中で語る」の旧来からの姿勢にノスタルジーを抱きつつ、選手・学習者の個性とニーズの多様化する中、目の前の選手になにを（内容）、いつ（文脈）、どのように（教授法）教えるか、について古くて新しい問い直しと、指導力の基準化そして標準化が必要な時期であるのかもしれない。

4. コーチ教育プログラム (Coach Effectiveness Training：CET)

米国の心理学者 Smith と Smoll らは青少年の健全育成に資するコーチ教育プログラムを開発した[20]。子どものスポーツ参加による体験の質は指導者の日々の精進と創意工夫によって大きく左右される。彼らの開発した CET はユース年代を指導するコーチ教育を対象とし、チームづくり、有能感形成、そして具体的かつわかりやすい指導が行われるよう、指導上の要点を明確化している。このプログラムの基本原理は認知行動療法[21]の考えに立っており、CET を通じて

自身の行動への気づきを高めることで、選手が自分の指導をどう感じているかについての理解、そして指導の成果がどう現れるか見越すこと、が促される。CETによって、結果（勝利）が全てと短絡することなく、選手の技能向上と努力は裏切らないことに価値を置くよう、指導者の内面の変化を芽生えさせる。予備的な研究でコーチング行動の評価システムを構築した際、コーチは予想以上に自身の行動への振り返りが少なく、選手への影響度にも関心が払われていない、という事実が見つかった。またコーチ行動は3つの次元（専門的指導、励ましと賞賛、そして矯正や懲罰）に分類されるが、選手の納得が得られない「指導」は逆効果で、誉めることは大切だが多すぎても少なすぎてもだめであった。これよりコーチ教育の重要なポイントは、コーチが自分の指導を省察し、受け止めること（自己一致）であると予想された。

　CETを通じて学ぶべきコーチ行動指針の中核には5つの基本原則がある。①選手の全人的な発達に指導の力点を置き、努力の最大化と一歩ずつ前進することを重視する。特に若い選手には楽しさ体験、チームに所属していることの充実感、技能を学ぶこと、有能感を高め失敗への恐れを減らすこと、に留意する。②選手と指導者が互いに信頼関係を築けるよう肯定的な関わりを図ることである。例えば、失敗の矯正や除去にとらわれず、「誉めて伸ばす」アプローチと言い換えることができる。CETが理論的基盤を置く自己一致（congruence）の考えによれば、自信のない選手ほど向上への欲求は高いため、肯定感を高める指導は重要で、信頼感の形成にもつながる。③「一人はチームのため、チームは一人のため」の意識形成であり、これはチームの凝集性と専心を高めると同時に、コーチ自身がその役割モデルとなることも求める。④チーム内での役割や責任を遵守することは、違反を罰するよりも、チームの規律を高める上で効果がある。⑤CETを学んだコーチは、自身の行動を見つめ、振り返ることを習慣化するなかで、

自身の振る舞いへの気づきが高まっていく。

　代表的な研究の1つに少年野球指導者へのCET適用事例がある。プログラム受講後、コーチたちは選手たちに以前より肯定的に評価されるようになり、選手たちもコーチからの指導を受け入れるようになるとともに、チーム内の雰囲気も改善した。これはCETを受講しなかったコーチには起きなかった変化だった。CETを受講したコーチの指導を受けた選手は有能感が年間を通じて向上し、なかでも介入前に有能感が低かった選手の増加率が最も高いという劇的な成果であった。一連の研究を通じて、CETを受講したコーチの指導の下、指導にビクビクすることなく、選手たちは伸び伸びとプレーし、部からの離脱者が比較的少なくなった。このCETは理論と実証に裏付けられたと言う点で「最も説得力をもって実証されたプログラム」[22]と称される。

まとめにかえて

　女子マラソン監督の武富豊氏（天満屋）は「指導者の中の指導者」と若手から呼ばれ、「個人商店」とも揶揄されるこれまでのマラソン指導の流れに「ナショナルチーム」の発想を組み入れ、一石を投じた[23]。「お家芸」での指導力の評価には五輪代表育成のみならず「メダル」が条件だが、「企業秘密」のもとノウハウの共有化や一般化が進めづらい風土のなかで、その英断の種は今後芽となり、花となり、実を結ぶと信じたい。さるロンドン大会を含む3大会連続で代表選手を育てた氏の手腕の1つに「欠かさぬ選手との対話」がある。ほぼ毎日、選手と一対一で対話し、よく耳を傾け、本音を探り、信頼関係を築いていく。その上で練習メニューを与え、その意図を告げ、助言する。「その方が『自分のための練習』だと身近に感じてくれる」と感じ、選手も「安心できるアドバイスを、タイミングよく、場面場面で出してく

れる」と話す⁽²⁴⁾。文字にすると当たり前の連続のようだが、この不断の実践と継続は同業者をして感嘆の対象で、マラソンというスタートを切れば己に頼むのみの種目特性がゆえ、選手とコーチの間の見えざる信頼関係、いわば絆が築かれるのだろう。上述の指導者に求められる基準に相当する行動の実践であるが、選手一人ひとりの掛け替えのない青春と人生をスポーツの中で預かっている指導者として、スキル論では説明しきれない人間の器量の広がりと深まりが必要なのだろう。

　生涯を通じて、あまねく国民が、スポーツに触れ、その魅力を体感されることを期待すべく、従前の指導者養成で受け継ぐべく要素を尊重しつつ、今後の求められる指導者養成の環境整備について私見を述べる。まず、年代や発達段階、技能段階、あるいは性別において一人ひとり異なる個性を有する参加者に対して、その要求や期待に応えるようスポーツ・コーチの指導力が求められるだろう。従って、NASPEの例のようにスポーツ・コーチの総論と各論にわたり領域とスタンダード（基準）を体系化すること、そしてコーチはこれまでの競技経験や、指導実績、求められる指導力要件の修得状況、など参加者に分かりやすい形で公開されるとよい。次に、コーチ教育において学び続けられる実効的なプログラム・システムに期待が寄せられる。資格認定・更新や講習会出席といった形式論に堕ちることなく、従来からある同志や同窓による交流会や合同合宿を発展させ、日々進歩する技術やトレーニング法、あるいは故障予防の知識や技法の伝達の場として、または選手の範たる指導者の抱えるプレッシャーや悩みを相談し、共有する場があってもよいだろう。密室になりがちな指導の場や選手と指導者の関係に、他者の目が入り、そこでの実践について意見の風通しが良くなることは、上述した指導者に関わる不祥事の予防策として効果があるのではないか。加えて指導者の否定的な側面への監視の強調に陥らず、年功序列あるいは優秀選手育成といった基準で

はなく、優れた指導実践力を有するコーチを表彰する評価システムの整備が望まれる。最後に、選手・参加者の声なき声をくみ取るために独立性と利便性の保たれた恒常的な相談・仲裁・紛争処理体制の整備[25]と、組織及び指導者の倫理・行動を点検する独立機関（例、カナダスポーツ倫理センターの仕組み）[26]などの早急の整備が待たれるだろう。

（※）本稿は平成24（2012）年12月に刊行された「スポーツ基本法が示す『体育・スポーツ指導者』のあり方【第4回】」（季刊教育法175号）に基づいている。文章中の誤記等の修正を除き、文章中の表記は執筆当時の状況を可能な限り反映させている。

注

(1) Penn State(Sandusky Sex Abuse Scandal), New York Times, 2012.11.1.
(2) 冷泉彰彦（2012）「ペン・ステート・フットボール部に厳罰の下った理由」Newsweek日本版（7月27日）。
(3) 毎日新聞2011年6月18日。
(4) 澤田大祐（2011）「スポーツ政策の現状と課題―スポーツ基本法の成立をめぐって」調査と情報722号、1-12頁。
(5) CCES Strategic Framework (www.cces.ca/en/strategicframework).
(6) UNICEF(2010), Protecting Children from Violence in Sport.
(7) 朝日新聞2010年9月28日。
(8) 朝日新聞2009年1月26日。
(9) 朝日新聞2006年8月1日。
(10) 朝日新聞2006年7月9日。
(11) 読売新聞2005年5月22日。
(12) 読売新聞2002年11月24日。
(13) 日本陸連「倫理ガイドライン」2002年9月（2010年3月16日修正）。

⑭ 朝日新聞 2003 年 1 月 23 日。
⑮ (財) 日本体育協会 (2012)「21 世紀のスポーツ指導者：望ましいスポーツ指導者とは」。
⑯ 笹川スポーツ財団 (2011)「スポーツ政策調査研究報告書―アメリカ―」、241-275 頁。
⑰ NASPE(2006), National Standard for Sport Coaches(2nd Ed) .
⑱ NASPE(2008), National Initial Physical Education Teacher Education Standards(3rd Ed).
⑲ 鈴木直樹ほか (2012)「体育教師に求められる力量に関する検討」東京学芸大学紀要第 64 集、137-144 頁。
⑳ Smith RE, Smoll FL et al(1979), Coach effectiveness training, J of Sport Psychol 1, pp.59-75.
㉑ 認知行動療法 (cognitive-behavioral therapy)：認知の歪みに気づくとともに改善し、望ましい行動の生起と強化を促し、その認知と行動のつながりに自信と価値を持つことを理論的枠組みとする心理技法。
㉒ APA(2003), When Psychologists Teach Coaches How to Coach, Young Athletes Feel Better and Play Longer.
㉓ 朝日新聞 2012 年 5 月 26 日。
㉔ 朝日新聞 2012 年 5 月 12 日。
㉕ 境田正樹 (2010)「スポーツ基本法立法とスポーツ権の確立に向けて」月刊スポーツメディスン 118 号、44-45 頁。
㉖ 文部科学省 (2012)「スポーツ政策調査研究調査研究成果報告書」。

8 セクシュアルハラスメントとスポーツ基本法

山田 ゆかり
Yukari YAMADA

はじめに

 2011年8月、スポーツ基本法が定められた。「スポーツ立国の実現を目指し、国家戦略として、スポーツに関する施策を総合的かつ計画的に推進するため、この法律を制定する。」として立法した。
 内容を一読して思ったのは、果たして「日本はスポーツ立国になりうるのか」ということだ。なぜなら、長年、スポーツ界のセクシュアルハラスメントを明らかにし、訴え、論じ、その対応、防止を叫んできたが、全く何も変わっていないからだ。スポーツ界のセクシュアルハラスメントこそ、まさに、性的虐待であり、人権侵害のなにものでもない。それすら知らない国民がいるなか、スポーツの正当性を論じることは、果たして、スポーツに関わることで被害を蒙った「被害者」にとって、有益なのだろうか。傷に塩を擦り込むことになりかねないだろうか。

> スポーツ基本法理念
> スポーツは世界共通の人類の文化である。
> スポーツは心身の健全な発達、健康及び体力の保持増進、精神的

> な充足感の獲得、自律心その他の精神の涵養などのために個人又は集団で行われる運動競技その他の身体活動であり、今日、国民が生涯にわたり心身ともに健康で文化的な生活を営む上で不可欠のものとなっている。スポーツを通じて幸福で豊かな生活を営むことは、全ての人々の権利であり、全ての国民がその自発性の下に、各々の関心、適性等に応じて、安全かつ公正な環境の下で日常的にスポーツに親しみ、スポーツを楽しみ、又はスポーツを支える活動に参画することのできる機会が確保されなければならない。（抜粋）

について、下記の問題を読んだあと、再び考えたいと思う。

1. 15選手の告発の意義

　青天の霹靂、と言おうか。スポーツ基本法制定後の出来事だった。2012年12月、柔道女子日本代表の園田隆二前監督（引責辞任）らの暴力行為などを、ナショナルチーム国際強化選手15人が、日本オリンピック委員会（JOC）へ告発した。このことは、1964年の東京五輪以来、約半世紀、全く変わることのなかった旧態依然の日本のスポーツ界を改革できる、最初で最後のチャンスであるはずだった。2013年9月、2020年オリンピックの東京開催が決まった。その招致活動とタイミングが合ったことを、偶然としてはならない。改革の出発点とし、これから先、その改革をどこまで「線」（継続）でつなげていけるか。スポーツ界の慌ただしい対応や、一連のメディアの注目を、「点」（一過的）で終わらせないことではなかったか。

　「指導の名の下に、または指導とはほど遠い形で、園田前監督によっ

て行われた暴力行為やハラスメント（筆者注：嫌がらせ行為）」（2013年2月4日発表の選手たちの声明文より）は、果たして日本を代表する選手をリスペクトする行為なのかどうか。

　2012年12月、選手たちがJOCに送った文書には、実例として、前監督が殴るのは、「集合が遅い」「指示通りのトレーニングができていない」というのが理由だったことや、「胸を小突いたり、平手でほおを張ったり、蹴ったり」「練習で「死ね」と言ったり、竹刀でたたいたり」という暴力暴言、脅しが赤裸々に綴られていた。訴えは暴力だけではない。ロンドン五輪代表決定記者会見で、当確を争った選手が一室に集められ、発表の瞬間の表情がテレビで生中継されたことが、「選手相互間の敬意と尊重を敢えて踏みにじるような連盟役員や強化体制陣に失望し、強く憤りを感じた」として、綴られていた。訴えることで、「柔道選手としての道を奪われてしまうのでは」など悩んだ末に、「決死の思い」で、告発したのだ。

　だが、この告発は、スムースに流れたわけではなかった。告発から公表まで、数か月に及んだことも日本のスポーツ界の体質として大いに指摘される点だ。スポーツ基本法は何らその効力を発揮しなかった。きっかけは、2012年9月、園田前監督が暴力行為をしたという話を全柔連に報告したことだった。しかし、全柔連は、同年11月5日、監督の留任を発表、始末書の提出と厳重注意処分で済ました。「監督と選手で話し合いも終わり、解決を見たと思った」というのが、全柔連・上村春樹会長ら幹部の釈明だ。選手たちは、全柔連に頼っていては問題が解決しないと、12月4日、「強化選手15名」の名で、コーチ陣の暴力などを訴える文書をJOCに届ける。さらに12月25日に選手たちは実名を明かし嘆願書を提出。2013年1月下旬に至るまで、選手が個々で再三JOCに来訪し、問題を訴えるが、それでもJOCは主体的に動こうとしなかった。その説明として、「全柔連に解決能力はあると思った」とし、全柔連の幹部を呼んでは対応策を促すことの繰

8 セクシュアルハラスメントとスポーツ基本法

り返しだった。1月30日、監督辞任と同時に、「暴力」が明るみになった。「選手の立場で考えたとき、公表は非常に不安を感じるだろうと思った。文科省に報告するより、まず全柔連に早く解決してもらいたいというのが先決だった」とJOC市原則之・専務理事は弁明した。

彼女たちが一番言いたいのは、「被害を蒙ったこと」や「責任追及」ではない。「競技者や愛好者がスポーツを行う場にふさわしい環境整備」だ。これは何も柔道界に限ったことではない。スポーツ界全体の問題であり、それこそ、「世界共通の人類の文化」という一文から始まる「スポーツ基本法」を、国は、どう考えているのか、と思ってしまう。「スポーツを通じて幸福で豊かな生活を営むことは、全ての人々の権利であり…安全かつ公正な環境の下で…」「スポーツ選手の不断の努力は、人間の可能性の極限を追求する有意義な営みであり、こうした努力に基づく国際競技大会における日本人選手の活躍は、国民に誇りと喜び、夢と感動を与え…」(前文)という基本法の条文をみれば、日本のスポーツ界で起こっていることは、真逆だ。

2. 体罰横行の背景

どうして、こんなことが起こってしまったのか。

選手たちが強く憤りを感じたJOCや全柔連の態度の根底にあるのは、歪んだ「勝利至上主義」だ。日本のお家芸だと信じ込む全柔連幹部は、他競技との比較で、どうしても、よりたくさんのメダルを取らないと、沽券に関わる、と勘違いする。JOCも同様だ。他国との比較で、より多くのメダル獲得が、国の威信だ、と勘違いする。「メダル何個が目標」、と、いつどのオリンピックでも記者会見で発表される。ついこの間のアジア大会でも「メダル、全種目でとる、80個」と、選手率いる団長が記者会見で言う。各競技団体もメディアも、メダルの

数にこだわる。それが強化の成果としての指標になるからだ。ちなみに、ロンドン五輪での目標金メダル数は 15 個、実際は金 7 個（銀銅併せて総数 38 個）だった。そのうち柔道に銀や銅はなく、金 1 個に留まった。

　園田前監督は、辞意表明の記者会見で、「柔道競技では、金メダル至上主義みたいなことがある」、だから「私は暴力という感覚で選手に手を上げたことはない。（選手を強くしようと）私自身が焦って、急ぎ過ぎた。たたいて強くなると思った」と話した。その言葉から察するに、時間がない中、強引な方法をとったのだろう。しかも、そういうやり方は、スポーツ界では、とりたてて悪いことではないとする人は多い。

　今回の告発を後押しした山口香・JOC 理事は、「もともと彼らの中では、軽い問題なのです。園田監督が『（現役時代、指導者に）たたかれたことはあるが、体罰と思ったことはない』と記者会見で語ったように、殴られることは当たり前なのです。今も『世界に出ていくんだから、当たり前だろう。何を騒いでいるんだ』と考えている人は少なくないでしょう」と新聞のインタビューで答えた。社会では、暴言暴力・パワーハラスメントでも、日本のスポーツ界では、「指導」であり、「熱意」とされる向きが強い。

　海外では、以前から、日本のスポーツ界の暴言暴力容認を、「奇異な目」で見ていたことは確かだ。以前、バレーボール女子代表監督のあまりの乱暴さに、海外メディアが「カミカゼ」というアダ名をつけたことがある。柔道代表チームの国際合宿などで、指導者が選手を平手打ちするのを何度も見たというフランスのスポーツ新聞記者が、「今回（柔道）のニュースに驚きはなかった」と言うのも、裏返せば、海外ではありえないことが、日本のスポーツ界では当たり前、という考えからだろう。海外と日本との違いは、選手の人権を尊重するかしないかの違いでもある。

事後の対応を振り返ると、2013年1月末、園田前監督が辞め、ほぼ1週間後、吉村和郎強化担当理事と徳野和彦コーチが辞めた。JOCの竹田恒和会長が下村博文文科相を訪問、「氷山の一角」と話し、各競技団体を指導する意向を示した。全柔連会長は、2月中旬、国際柔道連盟に謝罪するとともに文科相にも謝罪した。文科省が調査を命じたが、調査をするのは第三者ではなく、責任を問われる側が担当するのだ。同年2月7、8日と、JOCがオリンピック関係の31競技団体に、代表選手に対する暴言暴力・パワーハラスメントの有無を尋ねた。1団体15分程度の時間で、すべての団体が「暴力などの事実はなかった」で終わった。

対策として、全柔連は、女子強化選手支援ステーションの充実、外部の調査委員会を決め、案として、相談窓口の設置、強化体制や選手選考の再検討、女性理事の登用を挙げた。一方、JOCは、全柔連への処分、聞き取りや調査のほか、緊急調査対策プロジェクトをJOC理事と弁護士5人で立ち上げ、その中に「選手支援ステーション」を設けた。

それらが果たして、「競技者や愛好者が苦しみや悩みの声を安心して届けられる体制や仕組み作りに生かしてほしい」という、選手たちの要求に応えているのだろうか。いままで権力をかざしてきた役員や理事の前で、選手たちはどれだけ本音を伝えることができるか。上から物を言ってきた人たちが、選手の心情をどれだけ理解できるのだろうか。2014年現在、十分機能しているだろうか。

3. 改革の方向性

では、どうしたらいいのか。
まず、柔道だけではなく、日本のスポーツ関係団体の人事構成の抜

本的な見直しが必要だ。女性選手の人格人権をより尊重するため、女性幹部の登用が急務ではないか。国際オリンピック委員会（IOC）は、1996年に女性スポーツ会議を開き、あらゆるスポーツ組織の意思決定機関への女性参加比率を2000年までに10％以上、2005年までに20％とする数値発表をした。2012年のロンドン五輪をみてみると、日本代表選手293人のうち、女性選手は156人で、男性を上回った。しかし、役員構成は、225人のうち女性は34人（10.4％）。2012年の各競技団体のデータを調べたところ、加盟団体112のうち、女性役員の比率は7.9％にとどまっている。（競技団体のうち、女性の比率が0％は、柔道をはじめ、ボート、レスリング、ハンドボール等19団体に及ぶ）。

　さらにいえば、スポーツ団体を組織する人材資質を再検討するべきだと思う。1980年代、八百長事件を機にスポーツ界の改革を成し遂げたオーストラリアは、国の機関としてASC（オーストラリア・スポーツコミッション）を置き、法を制定した。それに倣えば、組織幹部は、「最高レベルの誠実さと倫理規範を備えた人々」の持ち主かどうかが、選出ポイントのひとつだ。コーチ陣に関しても同様だ。

　次に、公益財団法人日本体育協会（日体協）の存在に注目し、その本来の役割を重要視することだと思う。日体協は、文科省傘下の団体であり、日本のほとんどの競技団体が加盟する。都道府県体育協会のトップ機関でもある。部活の前段階にあるスポーツ少年団や、都道府県開催の国体、総合型地域スポーツクラブ推進も、日体協が統括する。いわば、子どもからおとなまで、一般スポーツ愛好者から競技者まで、指導者からメディカルドクターに至るまで、日本のスポーツ界すべての人々に関わる、といっても過言ではない。要であるがゆえ、「健全なスポーツ指導をする指導者育成」にはとくに力を注いでおり、段階別の指導者資格制度を設けている。認定スポーツ指導者へは、倫理観の向上や人権尊重を啓蒙啓発する。今回のようなことが起こってし

まうと、これまでの実施方法や資格の在り方への疑問が出るが、それでも、競技団体に所属するほとんどの指導者に、「グッドコーチング」を公式に伝えることができるのは、日体協だけだ。その組織力とネットワークを十二分に発揮すれば、イニシアティブがとれる。日本のスポーツ界の意識改革ができるかどうかのカギを握っているのは、彼らだ。

4. 「セクハラ」は「パワハラ」と別なのか

　さて、今回の事件に関して見落とせないのは、2011年12月に起訴されたアテネ・北京両五輪金メダリストの準強姦罪との関連だ。2月1日、東京地裁は、被告の金メダリストに懲役5年の実刑判決を下した。指導した大学の女子柔道部員に合宿先のホテルで乱暴した罪状に対してだが、被告は即日控訴した。セクシュアルハラスメントは、力で屈服させる性的嫌がらせであり、不快と感じる行為や言動も、異性からであれば、セクシュアルハラスメントとされる。つまり、パワーハラスメントであるなら、セクシュアルハラスメントでもある。女性選手たちにとって、セクシュアルハラスメントという括りでは、訴えにくいのも事実だが、パワーハラスメントとセクシュアルハラスメントはセットで述べられるべきだ。

　1999年、私は、高校の部活で起こったある裁判を例にとり、教育界を含めたスポーツ現場で多々起きている、男性指導者から女性競技者へのセクシュアルハラスメント（パワーハラスメント）の深刻さを訴えた。だが、競技団体への調査要求は受け付けられず、文科省に問えば、「もうすでに手をつけ、防止策にとりかかっているし、部活での、そういう（被害）報告は受けていない」という答えが返ってきた。裁判の被告に対し、最高の指導者であるという証の賞まで与えた日本陸

上競技連盟（陸連）は、当人をいち早く除名し、自分たちとは無関係とした。その後の表向きの対策として、陸連は、ガイドラインを作ったが、他所からの資料をそっくりそのまま真似たものだった。相談窓口を設けるも、男性の広報担当者が陸連の代表番号で受ける、というものだった。さらにいえば、被害者は事件から10年以上経った今でも、心の傷は癒えていない。彼女にとって、スポーツは、幸せをもたらすどころか、一生を台無しにされてしまったといっても言い過ぎではないはずだ。二度とそのスポーツをしたくない、という思いは変わらない。言い換えれば、スポーツが「悪」になってしまったことになるともいえる。スポーツ基本法からみれば、言語道断であろうが、一事が万事、氷山の一角、多くの被害者がスポーツに対して良い印象を持たなくなってしまったのは、不幸なことではないだろうか。そうさせてしまったのも、日本のスポーツ界独特の体質であり、独特の組織編成であることを忘れてはならないと思う。

5. 改革の兆し

　セクシュアルハラスメントを含めたパワーハラスメントは、一般社会では、1990年代後半から取り組まれつつある。しかし、日本のスポーツ界は、15年たったいまも、何も変わってはいない。「日本のスポーツ界の常識は社会の非常識」がまかり通っているのだ。スポーツ現場で起こっている男性指導者から女性選手へのハラスメントはよく耳にするが、それを表沙汰にできるほど、スポーツ界はオープンではない。ここで、暴力暴言・パワーハラスメントと同時に、セクシュアルハラスメントに目を向けないと、永久に封印される可能性がある。15人の勇気ある第一声が、あらゆるハラスメントで苦しむ女性選手たちの原動力になり、カミングアウトするきっかけづくりになり、権

8 セクシュアルハラスメントとスポーツ基本法

力に「NO」といえる環境づくりの魁になればいい。そういう声を真摯に受け止める、誠実な受け皿が、日本のスポーツ界にできた時こそ、本当の意味で、今回の問題解決の兆しが見えたことになる。日本のスポーツ界が、やっと「変わり始めた」と言える時だと思う。

まとめ

　各方面で「暴言暴力・パワハラ撲滅」の努力がなされている。具体的施策も動き始めた。しかし、セクシュアルハラスメントに特化したものはまだない。エリートアスリートのスポーツ環境を整える、という視野で、指導者育成というカテゴリーでは、セクシュアルハラスメントに関する項目がなくはない。ガイドラインもそれに付随した箇所がないわけではない。とはいえ、まだまだ世間体かどうか、セクシュアルハラスメントと、はっきり謳っての対応策はなされていないと思う。

　数か月前、冬季五輪の打ち上げ先の懇親会で、競技団体の女性会長が代表選手にキスをし、その場面を週刊誌がすっぱ抜いた。冬季五輪の日付から数えれば、かなり後の告発ではあるが、この「事件」の成り行きと、決着の仕方があまりにいい加減過ぎる。「した」側が国会議員ということもあるのだろうか、JOCは、その力関係を危惧したのだろうか。さらにはキスをされた代表選手は、「した」側に立って「反省」しているのでは、滑稽としかいいようがない。

　まず、酒の場であろうと、何であろうと、特別な関係でもない公人が大衆の面前でキスを積極的にすることは、果たして「普通」なのか。当事者いわく、「激励の意味だった」「海外ではキスやハグはあいさつ」。同じ競技団体の副会長は、「今回は、女性が男性にしたことなので、セクシュアルハラスメントではない」???被害者のマネージメント会社までが、「スケート界ではキスはあいさつがわり」、だから、

キスされた選手は不快ではなく、むしろ酒の席で行き過ぎた行動だった、と説明している。

　ある高校のスポーツ系部活の遠征中、女子マネージャーに男性指導者（教員）がキスを強要したとして訴えられた。不起訴になったものの、世論は「ありえない」罪と認識した。このとき、私はこの指導者が所属する高校に出向き、学校幹部にこの問題を言及した時、その幹部は一笑に付し、「あんた、国際感覚ゼロだね、知ってるか、外国ではキスはあいさつなんだよ」と凄んだ。学校側はこの指導者を擁護したのだ。しかし、どうだろうか。外国では「あいさつ」かもしれないが、日本の習慣、風習に、「キスはあいさつ」と言う話は聞いたことがない。冬季五輪キス事件の、「した」側の言葉を聞いて、この時のことを思い出した。高校の指導者の行動を、学校幹部以外の世間は「NO!」としたのに、どうして今回は、罪ではないのか。JOC会長までが「(会長を) 辞める必要はない」と明言している。批判批評ではない。一体どちらが正しいのか。

　カラスは黒いのに、スポーツ界のカラスは白い、のか。シロいままでいいのか。シロいのが当たり前と次世代まで教育していくのか。2020年の東京五輪は何のための大事業なのか。スポーツ基本法が砂上の楼閣、にならないよう、国、だけでなく、私たちもいっしょに努力をしなくてはいけないと思う今日この頃だ。

8　セクシュアルハラスメントとスポーツ基本法

9 イギリスのチャイルド・プロテクション制度に倣う体罰問題への対応のあり方

森　克己
Katsumi MORI

はじめに

　大阪市立桜宮高校バスケット部主将の顧問教諭による体罰を苦にした自殺事件、及びその後顕在化した、全国の中学・高校の部活動での顧問教諭等による体罰、柔道女子全日本チームにおけるコーチによる体罰や暴言に基づく指導、スポーツ団体役員によるセクハラ事件など、2012年末から今日に至るまで、スポーツ指導者による体罰やセクハラなどの事件の報道がなかった日はないほど、我が国スポーツ界はこれまでにない危機的な状況に直面している。

　スポーツ指導では、指導者とアスリートの身体的接触が不可欠であり、上命下服の人間関係の下で虐待や暴力が発生しやすい状況がある。また、スポーツの商業主義化、勝利至上主義により、指導者は選手の人権よりも勝利を優先しがちであり、我が国も例外ではない。これらを実証する残念な事態が、我が国体育・スポーツ界で続発する体罰・セクハラである。

　筆者は、スポーツにおける体罰やセクハラの問題について、これらの問題が深刻化する以前から、我が国スポーツ界全体で取り組むべきアスリートの人権問題として捉えるべきであるという認識の下、18

9 イギリスのチャイルド・プロテクション制度に倣う体罰問題への対応のあり方

歳未満の子どもをスポーツ指導者の体罰・セクハラなどから保護するチャイルド・プロテクション（以下ＣＰと略）の先進的な制度を有するイギリスを中心に研究を進めてきた。

本稿においては、主にイギリスのＣＰ制度を参考にして、スポーツ基本法が制定された我が国において、スポーツ指導における体罰問題についてどのように取り組んでいくべきか等について考察することとしたい。

1. スポーツ基本法等の観点から見たスポーツにおける体罰・セクハラ

まず第一に、スポーツ指導者による子どもに対する体罰・セクハラは、スポーツにより心身の健康を害することになるため、スポーツ基本法の「基本理念」を定める第2条第2項において、「スポーツは、とりわけ心身の成長の過程にある青少年のスポーツが、…人格の形成に大きな影響を及ぼすものであり、国民の生涯にわたる健全な心と身体を培い、豊かな人間性を育む基礎となるもの」とするスポーツの概念規定や同条第1項の「スポーツは、これを通じて幸福で豊かな生活を営むことが人々の権利」であるとする規定に反する。

さらには、学校の運動部活動で児童・生徒・学生が顧問教諭等から体罰に基づく指導やセクハラを受けることは、「教育の目的」を定めた教育基本法第1条の「教育は、人格の完成を目指し、…心身ともに健康な国民の育成を期して行われなければならない」とする趣旨に反する。

また、「教育の目標」について定めた同法第2条第一号の「幅広い知識と教養を身に付け、真理を求める態度を養い、豊かな情操と道徳心を培うとともに、健やかな身体を養うこと。」の趣旨にも反する事態である。

これらの他、学校教育法11条に基づき、校長及び教員は、教育上必要があると認めるときは児童、生徒、学生に懲戒をすることができるが、体罰をすることはできないとされており、顧問教諭等が体罰を行うことは同条に違反するとともに、児童、生徒、学生に対する体罰を行った教員は、民事上・刑事上の法的責任が問われることになる。

2. スポーツにおける子どもに対する暴力への国際的取組

スポーツにおける体罰・セクハラの問題は、次のとおり国際的にも取組がなされてきた。

国連では、1989年に18歳未満の子どもも大人と同じように人権享有の主体であることを認めた子どもの権利条約を採択した。同条約の子どものアスリートに対する暴力への対応の関連規定としては、①「暴力」の定義（19条）、②国と親の養育責任との関係（18条・20条）、③締約国による虐待への対応（19条）、虐待からの子どもの保護（34条）、④発達しつつある能力（5条）、⑤意見表明権（12条）などが挙げられる。

また、国連は、2006年に「子どもに対するあらゆる形態の暴力とその影響に関する尺度を表現するための最初の包括的な国際的な試みの結果」と位置づけられた子どもに対する暴力に関する報告書 "The World Report on Violence against Children" を出版したが、同報告書では、スポーツにおける子どもに対する暴力についての問題はほとんど言及されなかった。

また、IOCは、1967年にアンチ・ドーピングの専門機関としてIOC医事委員会（Medical Commission）を設立したが、WADA（世界アンチ・ドーピング機構、World Anti-Doping Association）の設立後は、IOC医事委員会の主要な目標は、アスリートの健康になった[1]。

9 イギリスのチャイルド・プロテクション制度に倣う体罰問題への対応のあり方

　そして、IOCでは、アスリートの健康に関して、2005年には「エリートの子どもアスリートのトレーニングに関する声明書」(Consensus Statement on the Training of the Elite Child Athlete)、さらに2007年には「スポーツにおけるセクシュアル・ハラスメント及び虐待に関する声明書」(Consensus Statement on Sexual Harassment and Abuse in Sport) を策定した。

　これらの声明書のうち、まず、前者においては、エリートの子どもアスリートは、楽しい環境の下でトレーニングをし、親、同僚、コーチなどからのハラスメントや不適切な圧力を含め、薬物乱用や否定的な大人の影響から自由であるとされた。また、同声明書においては、コーチ、親、スポーツの管理者などが、エリートの子どもアスリートに対するトレーニング及び競争的な圧力の量を制限すべきであることなど4項目の勧告が提示された[2]。

　また、後者の前文においては、「セクシュアル・ハラスメント及び虐待は、文化的背景に関わらず、人権侵害であり、個人的健康や組織的健康を損なうものである。[3]」と述べるとともに、同声明書の「スポーツにおける関係」において、「アスリートを取り巻くあらゆる大人は、彼らの役割、責任、適切な関係の境界線に関する明確なガイドラインを採用しなければならない。[4]」とセクシュアル・ハラスメントや虐待防止のためのガイドライン策定の必要性やセクハラや虐待防止のための実践準則(codes of practice) の策定が提唱された。また、同声明書では、あらゆるスポーツ団体がなすべきこととして、セクハラや虐待の防止に関する方策や手続きの採用、セクハラや虐待に関する教育や訓練のプログラムを実施することなどが提言された[5]。そして、2010年7月にユニセフのイノチェンティ・リサーチ・センター(Innocenti Research Centre, 以下IRCと略) が、2010年7月、先進国に焦点を当てた、スポーツにおける18歳未満の子どもに対する暴力の実態及び暴力の防止に関する報告書「スポーツにおける暴力か

らの子ども保護－先進国に焦点を当てた論評」(Protecting Children from Violence in Sport-a Review with a Focus on Industrialized Countries、以下「IRC 報告書」と略)を出版した。同報告書は、スポーツ界の関係者だけでなく、国連と関わるあらゆる国々の人々にスポーツにおける子どもに対する暴力の問題の重要性を認識させたという意義を有する。また、同報告書第 2 章「スポーツにおける子どもに対する暴力の証拠」の「子どものスポーツにおける有害な実践のメディアのレポート」において、日本の大相撲における 17 歳力士の相撲部屋での暴行死が取り上げられている[6]。2007 年に発生したこの事件の報道においては、大相撲という特殊な世界での力士の暴行死という報道が目立った。しかし、IRC 報告書がこの事件を取り上げていることは、国際的な観点から見ると、この事件はＣＰの射程内の事件であり、18 歳未満の子どもに対するスポーツ指導のあり方に関する我が国スポーツ界全体の問題として取り上げるべきで問題であったことを認識させるものである。そして、同報告書策定のための研究の過程で、「広範囲に活用された」とされる国連人権高等弁務官事務所の Paulo David(パウロ・デイヴィッド)の著書『青年のスポーツにおける人権－競争的スポーツにおける子どもの権利の批判的論評』(Human Rights in Youth Sport: A Critical Review of Children's Rights in Competitive Sports) において、同氏は、子どものアスリートの指導者などからの暴力・虐待を防止するためには、人権論の観点からのアプローチが必要であるとし、具体的方法として子どもの権利条約に基づいた「子ども中心の (child-centered) スポーツシステム」の構築を提言している[7]。

　そして、IRC 報告書及びデイヴィッドの著書においては、スポーツ指導者による体罰の問題は、身体的虐待に関する問題として取り上げられている。また、我が国スポーツ界においては、セクハラ事件が発生した場合は、セクハラにどのように取り組んでいくか、体罰事件

が発生すると、体罰問題にどのように取り組んでいくかというように、問題ごとに個別的な対応がなされてきた。しかしながら、国際的な傾向は、スポーツ指導における子どもに対する体罰・セクハラ・オーバートレーニング等の問題をアスリートの福祉（welfare）や人権に関わる問題として総合的に捉えている。したがって、我が国においてもこれまでの問題ごとの個別的な対応から、より総合的な観点からの取組が求められる。

3. イギリススポーツ団体のCP制度の概要

　イギリスのＣＰの制度は、元々スポーツ界で発生した体罰や虐待だけを対象とするものではなく、1989年子ども法（Children Act 1989）を中心に、親等からの子どもに対する虐待を防止する制度として整備されてきた。そして、ソウルオリンピックのイギリス水泳ナショナルチームのコーチが、教え子の少女たちに性的な虐待をしていたことが1990年代の半ばに発覚し、大きな社会問題となったこと等から、スポーツ分野のＣＰの専門機関としてＣＰＳＵ（Child Protection in Sport Unit）が2001年に設立されて以来、国を挙げてスポーツにおけるＣＰの制度が整備されてきた。そして、イギリスでは、政府から補助金の交付を受けているあらゆるスポーツ団体はＣＰのガイドラインを策定することが義務付けられ、ＣＰＳＵ策定のガイドラインに基づき、各スポーツ団体がガイドラインを策定している。そして、各スポーツ団体が策定するＣＰガイドラインでは、子どもに対する「虐待」として、身体的虐待、性的虐待、ネグレクト、心理的虐待、いじめを取り上げ、指導者による体罰は、身体的虐待として取り扱われている。

　また、各スポーツ団体のガイドラインでは、指導者が虐待・体罰・

セクハラ等の防止のためにとるべき良い実践（good practice）が提示されている。例えばイギリス柔道連盟（British Judo Association, 以下ＢＪＡと略）のガイドラインでは、ＢＪＡは、職員とボランティアがスポーツクラブにおいて子どもと活動するときの留意事項として、コーチは（1対1でなく）二人の選手に対して（特に寝技において）動きを通して語りながら動きを示して指導することが望ましいこと、大人は子どもに対して身体的接触の理由を説明するべきであり、緊急の場合以外は、大人は子どもに（事前の）許可を求めるべきであること、身体的接触は秘密裏にまたは他人の目の届かないところで行われるべきではないことを挙げている。そのほか、指導者は、子どもと同室になってはならないこと、いかなる形態であれ、不適切な接触を許可したり従事するべきではないこと、子どもが不適切な言葉を使うことを断固として許可すべきではないこと等を求めている[8]。

さらに、イギリスのＣＰ制度の特徴として、刑事記録局（Criminal Record Bureau, 以下ＣＲＢと略）による性犯罪歴のチェック制度が挙げられる。例えば、ＢＪＡでは、ＢＪＡ傘下のスポーツクラブで職員やボランティアを採用する場合、性犯罪歴がないかどうかがチェックされ、性犯罪歴がある者は不適格者として排除される。また、採用後も3～4年ごとにチェックを受ける。そのほか、薬物の摂取や人種差別主義の犯罪もチェックされる[9]。

なお、このＣＲＢによるチェック制度は、2012年11月に従来のＣＲＢとＩＳＡ（Independent Safeguarding Authority）の機能を有する機関としてＤＢＳ（Disclosure and Barring Service）が設立され、ＤＢＳによるチェック制度に移行している。

また、イギリススポーツ団体のＣＰガイドラインには、各団体独自の内容や特徴が含まれている。例えば、ＢＪＡのガイドラインでは、身体的虐待の例として「お互いの合意がなく技術的に正当化できない乱取り[10]」が挙げられるとともに、「いじめ」の項目では、嘉納治

9　イギリスのチャイルド・プロテクション制度に倣う体罰問題への対応のあり方

五郎が唱えた「精力善用」「自他共栄」の精神から「柔道家はいじめをしない」ことが書かれている⁽¹¹⁾。また、イングランドサッカー協会（Football Association, 以下ＦＡと略）のＣＰ制度は、同協会が推進する Respect Programme と密接に関連する内容となっていて、親に対するオンラインのワークショップも実施されている。そのうちの一つ 'FA Respect Guide for Parents & Carers' では、自分の子どものサッカーの試合を見ている親が、サイドラインから子どものミスや審判の判定に対してどなり声を挙げているシーンが収録されており、ＣＰガイドラインの一部を構成する 'Respect Code of Conduct' に記載された内容と符合するものとなっている。また、アマチュア水泳連盟（Amateur Swimming Association, 以下ＡＳＡと略）のＣＰガイドラインでは、「身体的虐待」の例として、パフォーマンスを向上させる薬物の服用のほか、「身体的な害に至る個人の能力を超えた絶え間ないトレーニングの強要⁽¹²⁾」が挙げられている。これは、ＩＯＣが、前述した2005年声明書で指摘した子どものオーバートレーニングをもＡＳＡではＣＰの制度の保護の対象としていることを示している。

さらに、2012年4月に筆者の勤務大学において開催した「子どものアスリートの福祉に関する日英シンポジウム」のパネリストとして招聘したＢＪＡコーチング委員会委員で国際柔道研究者協会会長のマイク・カラン氏によれば、イギリスにおいて柔道コーチになるためには次の5つのことが必要であるとされている。

①柔道コーチにおけるＵＫＣＣ（United Kingdom Coaching Certificate）レベル2証明書
②応急手当証明書（First Aid Certificate）
③子ども保護ワークショップへの参加
④刑事記録局チェック（現行のＤＢＳチェック）
⑤現行のＢＪＡ会員資格

115

そして、マイク・カラン氏によれば、ＢＪＡ以外のスポーツ団体でもコーチになるためには、一部の団体を除き、同じ要件を満たす必要がある。これらのうち、①は、イギリスのコーチングの公的な資格制度であり、4段階のレベルが設けられ、それぞれの段階の資格取得のためのワークショップを各スポーツ団体が実施している。また、ＵＫＣＣのワークショップの内容にＣＰに関する内容が含まれている。さらに、上記③も、ＣＰに関する専門的なワークショップであり、Sports Coach UK というコーチングの専門機関及び各スポーツ団体が実施している。

4. イギリススポーツ団体のＣＰ制度からの示唆及び今後の課題

本稿で考察したイギリススポーツ団体のＣＰの現状や特徴を考察した結果、同制度の意義や、我が国に同制度を導入するための課題として次のことが指摘できる。

(1) 子どもの人権保障の観点に基づくＣＰ制度の意義

まず、イギリススポーツ団体のＣＰ制度は、各スポーツ団体のガイドラインにも反映されているように、子どものアスリートがスポーツを安全に楽しむために必要な、子どものアスリートの人権を守るために重要な制度となっている。そして、スポーツは、虐待や暴力行為等が発生しやすい環境にあることは、イギリスだけでなく、各国共通の問題であり、我が国も例外ではない。そのため、我が国のスポーツ団体でもＣＰ制度の導入に向けて、専門機関の設立や各スポーツの性質に応じた体罰・セクハラ等の人権侵害を防止するためのガイドラインの策定などが今後検討すべき課題として挙げられる。但し、ＣＰの制度導入に際しては、わが国のスポーツ文化の特性を踏まえたＣＰ制度

9 イギリスのチャイルド・プロテクション制度に倣う体罰問題への対応のあり方

構築を目指す必要がある。

　また、ユニセフＩＲＣ報告書が指摘するように、ＣＰ制度の構築にあたっては、指導者に対する教育制度の充実が必要であると考える。そして、スポーツの商業主義化、勝利至上主義により、本来は子どもを守るべき親も、子どもへの暴力・虐待の担い手となる場合があることから、ＦＡのＣＰ制度のように親に対する教育制度の導入も検討すべきである。また、指導を受ける子どもの側も、指導者による暴力を「愛のムチ」として受け入れるのではなく、人権侵害行為であるとの認識を持たせるための教育も必要である。

　さらに、学習指導要領の改訂による中学校の武道必修化に伴い武道の安全指導が問題となったことを踏まえ、スポーツ指導における安全確保を含めたＣＰの制度とする必要がある。また、イギリスの制度に倣い、性犯罪歴のある者等、子どもに対するスポーツ指導に不適格な者を排除する制度の導入も検討に値する。

　また、イギリスにおいてスポーツクラブのコーチになるためには、スポーツの公的なコーチング資格であるＵＫＣＣのレベル２以上の資格を取得する必要があり、資格取得のための講習内容にＣＰの知識の修得が含まれている。そのほか、前述したように、Sports Coach UK または各スポーツ団体が実施するＣＰのワークショップを受講する必要があり、コーチ就任後も３年ごとにＣＰのワークショップを受講しなければならない。さらに、スポーツクラブで職員やボランティアを採用する場合、前述したＤＢＳのチェック制度により、採用候補者が子どもと関わるのに不適切な犯罪歴がないかどうかがチェックされ、犯罪歴がある者は不適格者として排除される。この仕組みにより、犯罪歴のある指導者は、どのスポーツでも再び子どもに対するスポーツ指導ができない。

　これに対して、我が国においては、一部の先進的なスポーツ団体で、指導者の体罰やセクハラを防止するための倫理規程を定めているとこ

ろもある。しかしながら、それらはあくまで倫理規程であって、それに反する行為をしても指導者資格に影響はない。したがって、より実効性のある制度とするためには、指導者資格の得喪と関連付けた制度とする必要がある。そして、将来的には資格と関連付けた制度構築を目指すこととし、まずはスポーツ基本法11条で規定するように、国及び地方公共団体が、スポーツの指導者の養成及び資質の向上のため、系統的な養成システムの開発・利用への支援、研究集会又は講習会の開催その他の必要な施策を講ずるよう努めるに当たっては、大学における中学・高校の保健体育科教諭の教員免許状取得のための保健体育科教育法のカリキュラムに体罰防止を含めた生徒に対する指導のあり方を組込み、免許状取得の必要条件としたり、運動部活動の顧問教諭を対象とした体罰防止のための研修制度を創設すること、さらには、スポーツ団体による指導者を対象とする講習に体罰・セクハラ・オーバートレーニング防止等の内容を取り入れるなど、児童・生徒やアスリートの福祉の向上に資する指導者養成制度の構築を早急に図る必要がある。

さらには、制度全体の設計に当たっては、デイヴィッドが主張するように、子どもの権利条約の趣旨を踏まえた、子ども中心のシステムとし、子どもの最善の利益が実現できるような制度を構築すべきであると考える[13]。

(2) スポーツ指導者の観点に基づくＣＰ制度の意義

イギリススポーツ団体のＣＰ制度は、18歳未満の子どものアスリートを指導者等からの虐待・体罰から保護する制度であり、第一義的には、子どもアスリートの人権を保障するための制度である。

また、スポーツ団体が策定しているＣＰガイドラインには、子どもにスポーツ指導する際に身体的接触が必要な場合には、あらかじめ子どもの同意を得なければならないことなどが含まれているほか、前述

したように、子どもに対するスポーツ指導に当たっては、オーバートレーニングにならないようにすることなどが含まれている。

そして、指導者がガイドラインを守ることによって、子どもの人権が守られる半面、指導者もガイドラインに書かれていることを守ることによって、子どもに対する指導から排除されないことになる。

このことから、CPは子どもを保護するだけでなく、「指導者自身も逮捕されたり悪意のある訴追の対象とならないことを保証する[14]。」との指摘もある。要するに、副次的にではあるが、CPは指導者による虐待行為を防止することによって、指導者自身も保護されるという意義を有するのである[15]。

(3) 今後の課題

以上で考察したように、イギリスのCP制度は、スポーツ指導者による子どもへの体罰・虐待を防止するための制度として、我が国の制度構築にも様々な示唆を与える意義を有する。但し、イギリスにおいては現在、2013年3月に教育省（Department for Education）がCPの新しいガイドラインを策定する等、政府によってCP制度全体の見直しが進められている。制度見直しの理由は、簡潔に言えば、これまでの制度がコンプライアンス（法令順守）や手続きに焦点が当てられていて、個々の子どものニーズや経験に焦点が当てられていなかったということである。また、イギリスと我が国における青少年の体育・スポーツ活動のあり方には違いがあり、我が国においては、中学・高校の運動部活動が、青少年のスポーツ活動の担い手として重要な地位を占めている。それに対して、イギリスにおいては、青少年のスポーツ活動は、地域のスポーツクラブが中心になっている。また、学校の運動部活動は、「一般生徒のレクリエーション」として行われ[16]、柔道などはその学校の保健体育の教師ではなく、当該部活動で行われるスポーツの専門的な外部指導者により指導が行われていることが一般

的である。

　したがって、我が国で今後スポーツや教育分野でＣＰ制度を導入することを検討する際には、イギリスの制度改革の動向も注視し、我が国の社会や文化に合った、我が国独自の制度とする必要がある。

　また、我が国の体罰・虐待の防止に関する法制度の見直しに関しては、イギリスのＣＰ制度に倣い、学校教育法11条で禁止する教師（部活動顧問）による体罰の内容として、殴る蹴るの身体的暴力（虐待）だけでなく、心理的虐待、ネグレクト、性的虐待も含まれることを関係法令に明記することも必要であると考える。さらには、スポーツ団体や少年団などに所属する学校外の指導者による暴力・虐待に対応するため、児童虐待防止法第2条で規定する虐待の主体を「保護者（親権を行う者、未成年後見人その他の者で、児童を現に監護するもの…）」から「子どもと関わるあらゆる者」などと改正し、それらの指導者による暴力・虐待を含めて防止する規定に改めること等も検討に値する。但し、後者の見直しに当たっては、子どもの人権保障のための行政機関の仕組み全体の見直しも必要となると考えられる。

（※）本稿は、日本学術振興会科学研究費補助金（基盤研究Ｃ、課題番号22530059）・同科学研究費補助金（基盤研究Ｃ、課題番号25380078）、及び鹿屋体育大学平成24年度・同25年度重点研究プロジェクトなどの研究成果に基づいている。

注

(1) Margo Mountjoy(2010), Protecting the elite child athlete: The IOC perspective, Celia H Brackenridge and Daniel Rhind(Eds.)Elite Child Athlete Welfare: International Perspectives, p.25.
(2) IOC(2005), Consensus Statement on the Training of the Elite Child Athlete, pp2-3.

(3) IOC(2007), Consensus Statement on Sexual Harassment and Abuse in Sport, p.1.
(4) Ibid, p.2.
(5) Ibid, p.3.
(6) Unicef Innocenti Research Centre(2010), Protecting Children From Violence in Sport-a Review with a Focus on Industrialized Countries, p.8, BOX2.
(7) Paulo David(2005), Human Rights in Youth Sport: A critical review of children's rights in competitive sports, pp.237-240.
(8) British Judo Association(2008), Safeguarding Toolkit, pp.24-25.
(9) Ibid, p.7.
(10) British Judo Association(2008), Child Protection Policy, Procedures and Guidelines, p.9.
(11) Ibid, p.12.
(12) Amateur Swimming Association(2009), Wavepower 2009-2011, p.11.
(13) 森克己（2012）「スポーツにおけるチャイルド・プロテクション制度の制度導入に向けた課題―子どものスポーツ選手の人権保障の観点から」日本スポーツ法学会年報第19号、112-113頁。
(14) M Turner, P McCrory(2004), Child Protection in Sport, British Journal of Sports Medicine, 38, p.106.
(15) 森克己（2013）「子どもに対するスポーツ指導のあり方に関するガイドライン構築の必要性について―国際的動向及びイギリスにおけるスポーツ団体のチャイルド・プロテクション制度を参考にして」日本スポーツ法学会年報第20号、161-162頁。
(16) 中澤篤史（2011）「学校運動部活動研究の動向・課題・展望：スポーツと教育の日本特殊的関係の探求に向けて」一橋大学スポーツ研究通巻30号、39頁。

10 オリンピック・パラリンピック選手への支援の課題

井手 裕彦
Hirohiko IDE

1. スポーツ基本法施行後、初のオリンピック

「自分が目指している演技ができて、私なりの恩返しができたと思う」

ソチ冬季オリンピックフィギュア女子フリーの演技を終えた浅田真央選手の言葉が印象に残る人は多いだろう。

浅田選手だけでなく、ソチでメディアに感想を求められた選手たちからは真っ先に、「支えてくれた人たちのおかげです」という感謝の言葉が出た。歴史が浅いマイナー競技でメダルを獲得した選手の声には、競技が注目されることへの喜びも表れていた。

「アルペンスノーボードをたくさんの人に知っていただけたのがメダル以上の喜び。一過性で終わるのでなく、次世代につながるよう、これからも頑張っていきたいと思う」（スノーボード女子パラレル大回転銀メダル・竹内智香選手）

「メダルを取って国民の方々に大きなアピールをすることが、何よりの説得力になると思っていた。今後は、スキーハーフパイプの女子選手が海外に出て行くレールを作っていきたい」（フリースタイルスキー女子ハーフパイプ銅メダル・小野塚彩那選手）

なぜ、選手たちは、こうした思いを口にしたのか。いまや、メダル

10 オリンピック・パラリンピック選手への支援の課題

は、個人の才能や努力だけでは届かない。国やスポンサーの経済力を背景にした練習環境や支援態勢が不可欠だ。結果やイメージ次第で支援が左右されることを知る潜在的な意識からだ、との見方もできる。2011年8月、スポーツ基本法が施行されて迎えた初の夏季五輪が12年のロンドン五輪であり、14年2月のソチ五輪は、施行後初の冬季五輪だった。

　スポーツ基本法では、トップ選手の育成を含めた競技力強化が「国の責務」に位置づけられた。具体的には25条だ。「国は、優秀なスポーツ選手を確保し、及び育成するため、スポーツ団体が行う合宿、国際競技大会又は全国的な規模のスポーツの競技会へのスポーツ選手及び指導者等の派遣、優れた資質を有する青少年に対する指導その他の活動への支援、スポーツ選手の競技技術の向上及びその効果の十分な発揮を図る上で必要な環境の整備その他の必要な施策を講ずるものとする」と規定された。1964年東京五輪開催のために61年に制定されたスポーツ振興法にはなかった条文だ。

　背景には、メダルの数は強化資金の投入に比例するという五輪の現状がある。ソチでも明白だった。開催国ロシアは、前回バンクーバー大会で過去最低の金メダル3個（参加国・地域中11位）に終わって以降、育成強化や施設整備に年間160億ルーブル（約460億円）を投入する、なりふり構わぬ強化策で、金メダル数、総メダル数の双方でトップとなり、「王国」復活を印象づけた。ロンドン五輪でも、ホスト国の英国が、スポーツくじの収益などを財源に、大会までの4年間に、2億6400万ポンド（約410億円）の強化費を投入。参加国・地域中3位、29個の金メダル獲得に結びつけた。

　ロンドン五輪時の日本のスポーツ関係政府予算（学校体育関連予算を除く）は185億1000万円。GDP（国内総生産）に占める割合は0.0039％に過ぎない[1]。文部科学省の委託調査「スポーツ政策調査研究」（11年、笹川スポーツ財団）によると、フランス996億4800

万円、中国 304 億 8400 万円、ドイツ 263 億 3800 万円など、主要国の大半は日本より上、スポーツ関係予算の対 GDP 比も日本の 10 倍以上に上る国もあった。

　メダルを獲得した選手への報奨金も、日本は多いとは言えない。日本オリンピック委員会（JOC）が金に 300 万円、銀に 200 万円、銅に 100 万円を贈るが、国際スポーツ記者協会（AIPS）がまとめたソチ五輪での国別ランキングでは 14 位だった。トップのカザフスタンは、金メダル獲得に対し、選手とともにコーチにも 2500 万円（1 ドル＝100 円で換算）を用意。以下、ラトビア（1920 万円）、イタリア（1910 万円）、ベラルーシ（1500 万円）、ウクライナ（同）、ロシア（1130 万円）と続く[(2)]。報奨金と別に、ウクライナはアパートを、ロシアはメルセデス・ベンツの車を贈呈することにし、五輪閉会後、モスクワで、フィギュアスケート女子で金メダルを獲得した 17 歳のソトニコワ選手と、団体の金メダルに貢献した 15 歳のリプニツカヤ選手に対する贈呈式が行われた。メドベージェフ首相は、運転免許証を持っていない 2 人に運転手を提供することも約束した。

　五輪を国威発揚の機会ととらえる旧共産圏国家のやり方は、日本には違和感がある。ただ、遠征費や用具費などを自己負担している選手は少なくない。五輪の間は盛り上がっても、またさめてしまうのでは、競技環境は改善されない。2020 年の東京五輪で、JOC は、世界 3 位以内の金メダル数と実施 28 競技すべてでの入賞の目標を掲げている。ソチ五輪の日本選手団長を務めた橋本聖子・JOC 強化本部長は閉会前の総括会見で、「スポーツの文化力を高め、国民の皆さんにもっと予算を傾注してもいいのでは、と思ってもらえるような活動をしていきたい」と発言。下村博文・五輪担当相は「競技団体が実施する選手強化の補助事業は、3 分の 2 が国の負担で、競技団体は 3 分の 1 を集めなければならないが、これを用意できないため、補助金を辞退する団体もある。時限立法的に 3 分の 1 も事実上、国が負担すること

を考えていく」と、強化費の仕組みを改善する考えを表明した。

14年8月、文部科学省が発表した15年度のスポーツ関係予算の概算要求額は、20年東京五輪・パラリンピックに向けて、前年度より285億円増えた540億円になり、倍以上に膨らんだ。選手強化に対する競技団体の3分の1の自己負担も解消されることになった[3]。

スポーツ基本法25条2項で、「国は、優秀なスポーツ選手及び指導者等が、生涯にわたりその有する能力を幅広く社会に生かすことができるよう、社会の各分野で活躍できる知識及び技能の習得に対する支援並びに活躍できる環境の整備の促進その他の必要な施策を講ずるものとする」と、選手・指導者のセカンドキャリア取得のための国の責務も明記されている。リーマンショック以降、企業のスポーツ離れが進んだ中で、さらに、選手や指導者の一生を見通した上での国の支援のあり方を議論する必要がある。

2. 五輪選手に対する国の支援の方向は

スポーツ基本法施行後、国は、選手強化や支援にどのように取り組んでいるのか。その3つの柱が①ナショナルトレーニングセンター（NTC）を中心にした高度なトレーニング②国立スポーツ科学センター（JISS）の医科学サポート③メダル獲得が期待されるターゲット競技種目を指定して多方面からの専門的支援を実施するマルチサポート戦略事業――である。

日本が夏季五輪史上最多のメダル計38個を獲得したロンドン五輪に関する文科省の検証チームは、報告書で、「3事業がそれぞれの役割と連動した機能を発揮したことにより、好成績につながった」と総括している[4]。勝敗を分けるのは、科学的で最高レベルのトレーニングをいかに集中して継続的に行うか、メンタルも含めてベストコ

ンディションで試合に臨めるか、であろう。38個のメダルのうち35個がターゲット競技種目であり、総括は的を射ていると言える。むしろ、事業の恩恵を受ける選手はまだまだ少ないのではないか。有力種目への集中と選択だけでなく、世界レベルへ近づこうと地道な努力を続ける選手も視野に入れ、事業をどれだけ拡大し、さらに高度化を進めていくのか。課題である。

　ひとつひとつの事業に目を向けてみる。NTCは、東京都北区に中核拠点（味の素ナショナルトレーニングセンター）が08年1月、全面供用開始、01年に設置された隣接のJISS内の施設と合わせると、陸上競技、競泳など15競技に対応できる。各練習施設には、国際ルールに合致する用具・器具が備えられ、448人収容可能な宿泊棟も併設。栄養面が管理された食堂での食事のもと、長期合宿ができるようになった。中核拠点で対応できない冬季競技、海洋・水辺系競技、屋外系競技と高地トレーニングは、全国の既存施設をNTCの競技別強化拠点として指定している。（14年2月現在、20競技22施設）

　JISSは、選手のパフォーマンスに影響を与えるメディカル・フィットネス・心理・栄養の4分野のチェックを行い、動作分析や映像技術、情報などのプロジェクトチームを編成して測定データの分析結果に基づき、実践的な助言を選手や競技団体に提供する。スノーボードアルペンの竹内智香選手は、W杯より長いソチのコースを予選から決勝まで1日で10本滑りきる体力をつけるため、JISSの低酸素室で自転車のペダルをこぐトレーニングを採り入れたことが銀メダルにつながった。

　マルチサポートは、①専門スタッフによるアスリート支援②選手専用の競技用具・ウェア・シューズ、日本人の弱点を強化する専用トレーニング施設、疲労回復方法などの研究開発③大会中にサポート拠点となるマルチサポートハウスの設置——の3要素からなる。

　アスリート支援では、体操でNTCでの練習中の映像を常時撮影し

て選手が映像を閲覧できる仕組みを用意したり、競泳で世界選手権の分析からわかったターンの欠点克服のため、水中動作分析用カメラを増やしてフォーム改良を試みたりした。研究開発では、軽量化したレスリングシューズや、選手の要望を採り入れた形状のフェンシングのグリップなどがロンドン五輪で実際に使用された。マルチサポートハウスは、冬季五輪で初めて設置されたソチで複合代表チームが選手村に入らずに寝泊まりした。大浴場や日本食など日本とほぼ同じ環境でリラックスし、渡部暁斗選手のノーマルヒル銀メダルを後押しした。問題なのは、スタッフが、1年ごと、最長4年の委託契約で身分が不安定なことだ。JISSにしても、100人以上の専門スタッフが常駐しているという米国や豪州などと比べると、体制は十分ではない。事業の司令塔になる文科省競技スポーツ課のトレーニング拠点整備担当も3人。15年にも予定されているスポーツ庁が発足した時には、予算だけでなく、人や組織の手当ても考慮しなければならない。

3. 指導者のあるべき姿、競技団体の姿勢は

「学ぶことをやめたら、指導することもやめなければならない」

女子柔道日本代表監督などの体罰問題を受けて、文科副大臣の下に設置された「スポーツ指導者の資質能力向上のための有識者会議」は13年7月まとめた報告書で、01年に来日したロジェ・ルメール氏（当時フランスサッカー代表監督）が日本の指導者500人を前にした講演の冒頭に語った言葉を紹介している[5]。

前述した強化の最前線の状況を見れば、指導者の過去の経験や単なる精神論だけで通用しなくなっていることは確かだ。専門性の高い技術はもとより、視野を広げ、医科学や世界の動向など、競技の枠を超えた情報も常に学ぶ姿勢が求められる。それが、新たな時代の指導者像だ。

ソチ五輪スピードスケートで男女12種目のうち8種目を制したオランダと、2大会ぶりのメダルゼロに終わった日本との差は、指導体制や指導者の姿勢にあったと言ってもいいだろう。

　日本のスピードスケート界は、代表チームと言っても所属企業ごとの寄せ集めだった。食事も所属で別にとり、コーチが所属以外の選手を教えることがなく、情報共有の姿勢もない。問題は組織の閉鎖性にある。韓国勢がカナダ人コーチに学ぶなど、他国では当たり前の外国人指導者を招いたこともなく、海外勢との合同合宿もやったことがなかった。

　対照的に、オランダはコーチ陣が他国の優れた技術の研究に余念がなかった。世界で最も美しいとされる長島圭一郎選手の滑りや日本のスタート技術を徹底研究したという。各国の情報を交換する指導者の研修会を頻繁に行い、育成面でも有望な若手に優秀なコーチをつける制度を実施してきた。

　日本スケート連盟も、ソチの反省を踏まえ、改革に乗り出している。14年度から実業団の枠を超えたスピードスケートのナショナルチームを組織、ヘッドコーチに米国コーチの経験を持つライアン・シマブクロ氏の起用を決めた。選手や実業団側の独自の動きもある。女子短距離の小平奈緒選手はオランダへ武者修業に出かけ、メダリストを輩出してきた名門の日本電産サンキョーは、中、長距離の若手3選手をオランダ・ヘレンベーンのチームに1年間合流させることにした。「オランダ修行組」の選手たちは、14年冬のシーズンに入るや、全日本距離別選手権やワールドカップ（W杯）で好成績を上げ、早くも飛躍の兆しが現れている。

　外国人コーチの招聘や海外武者修行で劇的なレベルアップした事例は、サッカー、フェンシング、ホッケーなどで見られる。14年9月の全米オープンテニスで錦織圭選手が日本人初のシングルスでの決勝進出を果たしたのも、全仏オープンを最年少で制した台湾系米国人のマイケル・チャンコーチの力によるところが大きい。

　グローバル化はスポーツ界にも到来しており、競技団体や指導者には、

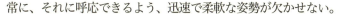
10　オリンピック・パラリンピック選手への支援の課題

常に、それに呼応できるよう、迅速で柔軟な姿勢が欠かせない。
　ナショナルコーチの質をどう高めるか。競技によっては、資格制度やコーチの研修・育成制度が十分に確立されていない。まずは、コーチの質を保証する育成制度の整備が前提だが、大学でのコーチング教育、選手時代から引退後をにらみ、将来のコーチを目指すキャリア教育、国際コーチング・エクセレンス競技会（ICCE）のような国際組織を通じての国際的動向の把握など、様々な方策も進化させたい。
　フィギュアスケート男子の高橋大輔選手の周囲には、コーチのほか、トレーナー、マネジャー、栄養士、振付師ら11人の「チーム高橋」が組織されていた。コーチは、多方面のスペシャリストを束ねる総合プロデューサーの役割も果たす必要がある。
　監督やコーチを選任するのは、競技団体の重要な役目だ。しばしば、派閥意識や思惑が先行し、その監督やコーチのもとでどう強化していくのか、哲学が見えない選考もある。
　低迷を続けるバレーボール全日本男子の日系米国人監督、ゲーリー・サトウ氏が14年2月、解任された。初の外国人監督として16年リオデジャネイロ五輪を目指すはずだったが、次のプレーを選手に予測させる戦術が浸透せず、日本バレーボール協会が就任わずか1年で見切りをつけた。08年北京五輪後、イタリア男子代表監督として五輪で銀メダルを獲得したこともあるジュリオ・ベラスコ氏を「日本再建にはベストな人材」と国際バレーボール協会からアドバイスをもらっていたのに、日本人監督の続投に固執して逃した。ベラスコ氏が監督に就いたイランはすぐにアジア選手権で初優勝するなど、確実に力をつけた。一方、サトウ氏の後任に選んだのは、パナソニックの監督だった南部正司氏。再び日本人に戻り、何のために外国人監督を呼ぼうとしたのか、協会の方針が見えにくい人事となった。南部監督の下、14年9月、年内の最大の目標だった韓国・仁川でのアジア大会に臨んだ男子日本チームは、若手の活躍という収穫もあったが、連覇を逃し、2位。敗れた相手は、イラン。力関係の

逆転を見せつけられる結果となった。

　ただ、監督就任からわずかの間の結果に一喜一憂するべきではない。バレーボールだけでなく、大事なことは、競技団体の強化委員会とナショナルチームのコーチが、選手やチームを強くしていくための戦略を徹底的に議論して、時間軸を設定した強化の方向を定め、段階ごとに検証していくことだ。戦略に則した代表選手選考や合宿、海外遠征などの強化計画を実現するための競技団体のサポートが鍵になる。

　バレーボールの監督交代と同じ14年2月、シンクロナイズド・スイミングの日本代表コーチに、北京・ロンドン両五輪で中国代表を率いた井村雅代氏が復帰すると日本水泳連盟が発表した。6大会連続で日本にメダルをもたらしたカリスマ指導者だが、中国代表監督就任の際、「裏切り者」と批判する声が噴出。復帰は幾度となく流れた。

　今回も、「ヘッドコーチは難しい」と権限を与えたくない水連側と、責任者の立場を求める井村氏との間に依然、溝があるとする報道もあったが、井村コーチは就任するや、選手の肉体改造から着手。堂々とした演技をさせるため、日常の歩き方から指導を始めた。わずか半年で各選手の体脂肪率が5ポイント近く減るなど、効果はめきめきと現れ、アジア大会では、中国の3連覇を阻むことはできなかったが、ロンドン五輪より差を縮め、「日本は再び強くなる」と印象づけた。競技団体内の感情的なわだかまりの無意味さを示す実例と言っていいだろう。

　ガバナンス（組織統治）がしっかりしていない競技団体が、競技力を高める体制をつくれるはずがない。だが、日本フェンシング協会が、選手強化事業での領収書金額の水増しなど不適切な会計処理の責任をとり、14年3月に理事全員が辞任するなど、競技団体による補助金の不適切な受給や人事がらみの内紛は後を絶たない。

　JOCの各競技団体への指導の不十分さに疑問を持った超党派スポーツ議員連盟のプロジェクトチームは（座長＝遠藤利明衆院議員）5月、選手強化費の配分をJOCから切り離す案を提示した。従来、JOCが国から強

10 オリンピック・パラリンピック選手への支援の課題

化費を一括して受け取り、各競技団体に分配していた司令塔的な役割を、日本スポーツ振興センターを改組して新設する独立行政法人に移し、新法人から競技団体に直接、配分するというものだった。

これに対し、JOC は「20 年東京五輪まで 6 年を切った中で体制を変えるのはリスクが大きい」と猛反発。資金は、新法人に一元化されるものの、①通常の基盤的事業は従来、JOC が窓口となって競技団体に配分し、メダル獲得が期待できる競技を対象とした戦略的事業を新法人から直接、競技団体に配分する②強化事業や配分の方針を決定する専門チームを設け、そこに JOC のメンバーも参加する——ことで決着した。20 年東京五輪に向け、増加していく強化費の不正の未然防止を目指し、JOC は 14 年 10 月、加盟競技団体を対象にした「総合支援センター」(仮称)の設立を発表した。民間の監査法人と JOC 職員がタッグを組み、必要度に応じて競技団体を 3 ランクに分け、経理処理を支援し、将来は自立できるよう、会計実務能力の向上を図る方針。15 年度から支援を始める予定だったが、その矢先の 14 年 11 月、会計検査院が安倍首相に提出した決算検査報告で、JOC 加盟の 10 競技団体で 12 年度までの 2 年間に不適切な経理処理をした国の補助金が計約 2 億 6200 万円に上ることが明るみになった。うその領収書を選手に書かせたり、浮かせた分を別の使途に回したり、「元は税金」との意識が希薄すぎる。一般の国民をあきれさせた各競技団体のガバナンスに関わる諸々の問題の解決の道筋はまだ、見えていない。

スポーツ基本法 5 条 2 項で、「スポーツ団体は、スポーツの振興のための事業を適正に行うため、その運営の透明性の確保を図るとともに、その事業活動に関し自らが遵守すべき基準を作成するよう努めるものとする」と規定されたことを自戒すべきである。

4. パラリンピック選手の強化、支援は

　スポーツ基本法は、基本理念を謳った2条5項で、「スポーツは障害者が自主的かつ積極的にスポーツを行うことができるよう、障害の種類及び程度に応じ必要な配慮をしつつ推進しなければならない」と障害者スポーツの推進を明文化した。27条2項で、「国は、公益財団法人日本オリンピック委員会、財団法人日本障害者スポーツ協会その他のスポーツ団体が行う国際的な規模のスポーツの振興のための事業に関し必要な措置を講ずるに当たっては、当該スポーツ団体との緊密な連携を図るものとする」とし、五輪と並んでパラリンピックの招致または開催の支援についての国の責務も明記した。

　こうした規定を受け、国は14年度から、障害者スポーツの支援を、健常者のスポーツ支援を所管する文科省に一元化した。これまで障害者スポーツは、厚生労働省の担当だったが、自立や社会参加の支援のための事業の枠内の取り扱い。全体の事業費は毎年、シーリングがかけられ、パラリンピック選手の強化など、スポーツ関連予算を増やすには、他の事業予算を削減しなければならなかった。レクリエーション色の強いスポーツ教室・大会への支援などは厚労省に残すものの、一元化するのは、「五輪選手並みの支援を」とする障害者アスリートの要望に沿ったものだ。文科省は14年度、マルチサポート戦略事業をパラリンピック競技にも適用し、10月、韓国・仁川でのアジアパラ競技大会でマルチサポートハウスを設置するなど、厚労省時代より支援の幅を大幅に広げた。

　ただ、日本のパラリンピック選手を巡る競技環境の厳しさは、五輪のマイナー競技の比ではない。パラリンピック出場経験者でつくる日本パラリンピアンズ協会が12年ロンドン夏季パラリンピック前に、同大会と、10年バンクーバー冬季パラリンピックの日本代表選手、

コーチ、スタッフ計 232 人に行ったアンケート調査によると、選手の自己負担額は年間平均 144 万円で、「500 万円」とした選手も 6 人いた[6]。

　国際オリンピック委員会（IOC）と国際パラリンピック委員会（IPC）の合意で 08 年北京夏季大会から五輪とパラリンピックの開催が一体化したことにより、パラリンピックの競技性が一気に高まった。出場権を得るには、車いすテニスや卓球、アルペンスキーなどは、海外ツアーでポイントを稼がねばならない。標準記録突破を条件とする陸上競技や競泳も障害のクラス分けを確定するため、国際大会出場が必須だ。このため、アンケートでは、11.7％の選手の海外遠征の日数が年間 80 日を超えていた。

　選手が競技を継続する上での課題に挙げたトップは、遠征費を中心にした費用負担だったが、2 位に「練習場所がない」、3 位に「コーチ、指導者がいない」、4 位に「仕事に支障が出る」が続いた。練習場所は、日常の拠点にも困る。床が破損すると誤解して車いす使用を嫌がる体育館もある。スキー場など冬季競技施設はトイレなどのバリアフリーが不十分で、おむつをつけて練習する選手もいるという。

　味の素ナショナルトレセンや JISS は元々、パラリンピック選手の利用を想定していなかった。ロンドン五輪前から陸上競技や水泳など一部の競技で練習できるようになったが、五輪選手が使わない空き時間の条件付きで、映像によるフォームの解析など、五輪選手に提供される肝心の医科学サポートは受けていない。大半の競技は、指導者らが個人のつてで、通常の使用時間外などの施設を頼み込んで日本代表合宿に充てる。場所優先で、食事までは期待できず、昼をコンビニ弁当で済ます競技もある。

　英国、米国では、五輪とパラリンピックの選手が同一施設で練習をし、豪州では、首都と各州に設けられたトレセンを障害者の選手も自由に使えるのとは差がある。急速にレベルを上げた中国、韓国も大規

模な障害者専用のナショナルトレセンを有する。

　日本パラリンピック委員会（JPC）の「20年東京大会へ準備できるよう17年度中に整備してほしい」との要望を受け、国は14年度、パラリンピック用ナショナルトレーニングセンター新設に向けた調査費2200万円を計上したが、中核施設と地方拠点との連携のあり方など機能や運営主体の議論は、一からだ。完成までは、味の素ナショナルトレセンでの障害者選手の利用拡大を図るのが急務だ。

　スポーツ基本法12条2項で、「スポーツ施設を整備するに当たっては、当該スポーツ施設の利用の実態等に応じて、安全の確保を図るとともに、障害者等の利便性の向上を図るよう努めるものとする」と、国や自治体の責務を定めている。健常者、障害者双方の選手が一緒に切磋琢磨する施設を広げていかねばならない。

　パラリンピック競技の場合、指導者の大半はボランティアだ。前述の日本パラリンピアンズ協会の調査で、コーチ・スタッフ計95人に、選手の競技活動を支える経済基盤を2つまで選んでもらったところ、「自身の給料」の回答（86）が突出。「家族の支援」（13）や「貯金」（12）もあり、五輪のコーチ・スタッフとは差があった。

　コーチの立場は、指導のレベルにも影響する。プロ的なコーチほど、効果を挙げているのは確かだ。08年北京夏季大会で金1、銀3、銅2のメダル獲得で躍進した自転車競技の監督は、シドニー五輪で監督を務めた斑目秀男氏、10年バンクーバー冬季大会で銀メダルを獲得したアイススレッジホッケーの監督は、北米でアイスホッケーのプロを目指した経験がある中北浩仁氏だった。

　障害の特性を理解した上での安全管理も指導者に必須だ。例えば、緊張すると体まで硬直してしまう脳性マヒの代表選手がパラリンピック本番のプールに初めて入った時に溺れそうになった例もある。空港や選手村からの移動の介助も指導者の仕事だ。

　障害者スポーツの競技団体の組織力・経済力は脆弱だ。専従の事務

局員がいない競技団体が大半で、事務所が役員の自宅という競技団体もある。手弁当で運営に当たる役員らは、強化費の増加を喜ぶ一方で、合宿や海外遠征の手配から申請、報告、精算など、負担が増えた事務に追われ、限界寸前にある。指導者の人材提供や選手育成の支援には、やはり、健常者の競技団体の力が必要だ。極論から言えば、障害者団体を統合したっていい。

　JPCは、20年の東京パラリンピックで、「金メダル数世界7位」の目標を掲げる。しかし、それを実現するには、世界24位だった12年ロンドン大会の金メダル数（5個）の4倍以上を獲得しなければならない。パラリンピック競技をはじめ、障害者のアスリートの支援の抜本的な構造改革や、ジュニア層など、新たな選手を発掘、育成するシステムの確立といった課題が待ったなしである。

　今こそ、車いすマラソンの世界記録保持者、ハインツ・フライ（スイス）のこの言葉の意味をかみしめてほしい。

　「障害のない人はスポーツをした方がよいが、障害がある人はスポーツをしなければならない」

注

(1) 文部科学省（2012）ロンドンオリンピックにおける選手育成・強化・支援等に関する検証チーム第2回配付資料「スポーツ予算関係資料」より「スポーツ関係予算（諸外国との比較）」。

(2) Association Internationale De La Presse Sportive（国際スポーツ記者協会）(2014), SOCHI WINTER OLYMPICS 2014 The gold medal in dollars: Kazakhstan leads.

(3) 文部科学省スポーツ・青少年局（2014）「平成27年度概算要求主要事項」。

(4) 文部科学省（2012）「ロンドンオリンピックにおける選手育成・強化・支援等に関する検証チーム　報告書」。

(5) 文部科学省（2013）「スポーツ指導者の資質能力向上のための有識者会議　報告

書」。
(6)　一般社団法人日本パラリンピアンズ協会（2012）「第 2 回パラリンピック選手の競技環境―その意識と実態調査　報告書」。

◆関連資料◆

1. スポーツ基本法
2. スポーツ立国戦略の概要
3. 独立行政法人日本スポーツ振興センター法
4. 独立行政法人日本スポーツ振興センター法施行令
5. 独立行政法人日本スポーツ振興センターに関する省令
6. 食育基本法
7. 「スポーツ界における暴力行為根絶宣言」
8. 体罰の禁止及び児童生徒理解に基づく指導の徹底について(通知)

1. スポーツ基本法

2011（平成23）年法律第78号

スポーツは、世界共通の人類の文化である。

スポーツは、心身の健全な発達、健康及び体力の保持増進、精神的な充足感の獲得、自律心その他の精神の涵（ルビ・かん）養等のために個人又は集団で行われる運動競技その他の身体活動であり、今日、国民が生涯にわたり心身ともに健康で文化的な生活を営む上で不可欠のものとなっている。スポーツを通じて幸福で豊かな生活を営むことは、全ての人々の権利であり、全ての国民がその自発性の下に、各々の関心、適性等に応じて、安全かつ公正な環境の下で日常的にスポーツに親しみ、スポーツを楽しみ、又はスポーツを支える活動に参画することのできる機会が確保されなければならない。

スポーツは、次代を担う青少年の体力を向上させるとともに、他者を尊重しこれと協同する精神、公正さと規律を尊ぶ態度や克己心を培い、実践的な思考力や判断力を育む等人格の形成に大きな影響を及ぼすものである。

また、スポーツは、人と人との交流及び地域と地域との交流を促進し、地域の一体感や活力を醸成するものであり、人間関係の希薄化等の問題を抱える地域社会の再生に寄与するものである。さらに、スポーツは、心身の健康の保持増進にも重要な役割を果たすものであり、健康で活力に満ちた長寿社会の実現に不可欠である。

スポーツ選手の不断の努力は、人間の可能性の極限を追求する有意義な営みであり、こうした努力に基づく国際競技大会における日本人選手の活躍は、国民に誇りと喜び、夢と感動を与え、国民のスポーツへの関心を高めるものである。これらを通じて、スポーツは、我が国社会に活力を生み出し、国民経済の発展に広く寄与するものである。また、スポーツの国際的な交流や貢献が、国際相互理解を促進し、国際平和に大きく貢献するなど、スポーツは、我が国の国際的地位の向上にも極めて重要な役割を果たすものである。

そして、地域におけるスポーツを推進する中から優れたスポーツ選手が育まれ、そのスポーツ選手が地域におけるスポーツの推進に寄与することは、スポーツに係る多様な主体の連携と協働による我が国のスポーツの発展を支える好循環をもたらすものである。

このような国民生活における多面にわたるスポーツの果たす役割の重要性に鑑み、スポーツ立国を実現することは、二十一世紀の我が国の発展のために不可欠な重要課題である。

ここに、スポーツ立国の実現を目指し、

国家戦略として、スポーツに関する施策を総合的かつ計画的に推進するため、この法律を制定する。

第一章　総則

(目的)

第一条　この法律は、スポーツに関し、基本理念を定め、並びに国及び地方公共団体の責務並びにスポーツ団体の努力等を明らかにするとともに、スポーツに関する施策の基本となる事項を定めることにより、スポーツに関する施策を総合的かつ計画的に推進し、もって国民の心身の健全な発達、明るく豊かな国民生活の形成、活力ある社会の実現及び国際社会の調和ある発展に寄与することを目的とする。

(基本理念)

第二条　スポーツは、これを通じて幸福で豊かな生活を営むことが人々の権利であることに鑑み、国民が生涯にわたりあらゆる機会とあらゆる場所において、自主的かつ自律的にその適性及び健康状態に応じて行うことができるようにすることを旨として、推進されなければならない。

2　スポーツは、とりわけ心身の成長の過程にある青少年のスポーツが、体力を向上させ、公正さと規律を尊ぶ態度や克己心を培う等人格の形成に大きな影響を及ぼすものであり、国民の生涯にわたる健全な心と身体を培い、豊かな人間性を育む基礎となるものであるとの認識の下に、学校、スポーツ団体(スポーツの振興のための事業を行うことを主たる目的とする団体をいう。以下同じ。)、家庭及び地域における活動の相互の連携を図りながら推進されなければならない。

3　スポーツは、人々がその居住する地域において、主体的に協働することにより身近に親しむことができるようにするとともに、これを通じて、当該地域における全ての世代の人々の交流が促進され、かつ、地域間の交流の基盤が形成されるものとなるよう推進されなければならない。

4　スポーツは、スポーツを行う者の心身の健康の保持増進及び安全の確保が図られるよう推進されなければならない。

5　スポーツは、障害者が自主的かつ積極的にスポーツを行うことができるよう、障害の種類及び程度に応じ必要な配慮をしつつ推進されなければならない。

6　スポーツは、我が国のスポーツ選手(プロスポーツの選手を含む。以下同じ。)が国際競技大会(オリンピック競技大会、パラリンピッ

ク競技大会その他の国際的な規模のスポーツの競技会をいう。以下同じ。）又は全国的な規模のスポーツの競技会において優秀な成績を収めることができるよう、スポーツに関する競技水準（以下「競技水準」という。）の向上に資する諸施策相互の有機的な連携を図りつつ、効果的に推進されなければならない。

7　スポーツは、スポーツに係る国際的な交流及び貢献を推進することにより、国際相互理解の増進及び国際平和に寄与するものとなるよう推進されなければならない。

8　スポーツは、スポーツを行う者に対し、不当に差別的取扱いをせず、また、スポーツに関するあらゆる活動を公正かつ適切に実施することを旨として、ドーピングの防止の重要性に対する国民の認識を深めるなど、スポーツに対する国民の幅広い理解及び支援が得られるよう推進されなければならない。

（国の責務）

第三条　国は、前条の基本理念（以下「基本理念」という。）にのっとり、スポーツに関する施策を総合的に策定し、及び実施する責務を有する。

（地方公共団体の責務）

第四条　地方公共団体は、基本理念にのっとり、スポーツに関する施策に関し、国との連携を図りつつ、自主的かつ主体的に、その地域の特性に応じた施策を策定し、及び実施する責務を有する。

（スポーツ団体の努力）

第五条　スポーツ団体は、スポーツの普及及び競技水準の向上に果たすべき重要な役割に鑑み、基本理念にのっとり、スポーツを行う者の権利利益の保護、心身の健康の保持増進及び安全の確保に配慮しつつ、スポーツの推進に主体的に取り組むよう努めるものとする。

2　スポーツ団体は、スポーツの振興のための事業を適正に行うため、その運営の透明性の確保を図るとともに、その事業活動に関し自らが遵守すべき基準を作成するよう努めるものとする。

3　スポーツ団体は、スポーツに関する紛争について、迅速かつ適正な解決に努めるものとする。

（国民の参加及び支援の促進）

第六条　国、地方公共団体及びスポーツ団体は、国民が健やかで明るく豊かな生活を享受することができるよう、スポーツに対する国民の関心と理解を深め、スポーツへの国民の参加及び支援を促進するよう努めなければならない。

（関係者相互の連携及び協働）

第七条　国、独立行政法人、地方公共団

体、学校、スポーツ団体及び民間事業者その他の関係者は、基本理念の実現を図るため、相互に連携を図りながら協働するよう努めなければならない。

(法制上の措置等)
第八条 政府は、スポーツに関する施策を実施するため必要な法制上、財政上又は税制上の措置その他の措置を講じなければならない。

第二章 スポーツ基本計画等

(スポーツ基本計画)
第九条 文部科学大臣は、スポーツに関する施策の総合的かつ計画的な推進を図るため、スポーツの推進に関する基本的な計画(以下「スポーツ基本計画」という。)を定めなければならない。

2 文部科学大臣は、スポーツ基本計画を定め、又はこれを変更しようとするときは、あらかじめ、審議会等(国家行政組織法(昭和二十三年法律第百二十号)第八条に規定する機関をいう。以下同じ。)で政令で定めるものの意見を聴かなければならない。

3 文部科学大臣は、スポーツ基本計画を定め、又はこれを変更しようとするときは、あらかじめ、関係行政機関の施策に係る事項について、第三十条に規定するスポーツ推進会議において連絡調整を図るものとする。

(地方スポーツ推進計画)
第十条 都道府県及び市(特別区を含む。以下同じ。)町村の教育委員会(地方教育行政の組織及び運営に関する法律(昭和三十一年法律第百六十二号)第二十四条の二第一項の条例の定めるところによりその長がスポーツに関する事務(学校における体育に関する事務を除く。)を管理し、及び執行することとされた地方公共団体(以下「特定地方公共団体」という。)にあっては、その長)は、スポーツ基本計画を参酌して、その地方の実情に即したスポーツの推進に関する計画(以下「地方スポーツ推進計画」という。)を定めるよう努めるものとする。

2 特定地方公共団体の長が地方スポーツ推進計画を定め、又はこれを変更しようとするときは、あらかじめ、当該特定地方公共団体の教育委員会の意見を聴かなければならない。

第三章 基本的施策

第一節 スポーツの推進のための基礎的条件の整備等

（指導者等の養成等）

第十一条 国及び地方公共団体は、スポーツの指導者その他スポーツの推進に寄与する人材（以下「指導者等」という。）の養成及び資質の向上並びにその活用のため、系統的な養成システムの開発又は利用への支援、研究集会又は講習会（以下「研究集会等」という。）の開催その他の必要な施策を講ずるよう努めなければならない。

（スポーツ施設の整備等）

第十二条 国及び地方公共団体は、国民が身近にスポーツに親しむことができるようにするとともに、競技水準の向上を図ることができるよう、スポーツ施設（スポーツの設備を含む。以下同じ。）の整備、利用者の需要に応じたスポーツ施設の運用の改善、スポーツ施設への指導者等の配置その他の必要な施策を講ずるよう努めなければならない。

2 前項の規定によりスポーツ施設を整備するに当たっては、当該スポーツ施設の利用の実態等に応じて、安全の確保を図るとともに、障害者等の利便性の向上を図るよう努めるものとする。

（学校施設の利用）

第十三条 学校教育法（昭和二十二年法律第二十六号）第二条第二項に規定する国立学校及び公立学校の設置者は、その設置する学校の教育に支障のない限り、当該学校のスポーツ施設を一般のスポーツのための利用に供するよう努めなければならない。

2 国及び地方公共団体は、前項の利用を容易にさせるため、又はその利用上の利便性の向上を図るため、当該学校のスポーツ施設の改修、照明施設の設置その他の必要な施策を講ずるよう努めなければならない。

（スポーツ事故の防止等）

第十四条 国及び地方公共団体は、スポーツ事故その他スポーツによって生じる外傷、障害等の防止及びこれらの軽減に資するため、指導者等の研修、スポーツ施設の整備、スポーツにおける心身の健康の保持増進及び安全の確保に関する知識（スポーツ用具の適切な使用に係る知識を含む。）の普及その他の必要な措置を講ずるよう努めなければならない。

（スポーツに関する紛争の迅速かつ適正な解決）

第十五条 国は、スポーツに関する紛争の仲裁又は調停の中立性及び公正性が確保され、スポーツを行う者の権利利益の保護が図られるよう、スポーツに関する紛争の仲裁又は調停を行う機関への支援、仲裁人等の資質の向上、紛争解決手続についてのスポーツ団体の理解の増進その他のスポーツに関する紛争の迅速かつ適正な解

決に資するために必要な施策を講ずるものとする。

（スポーツに関する科学的研究の推進等）

第十六条　国は、医学、歯学、生理学、心理学、力学等のスポーツに関する諸科学を総合して実際的及び基礎的な研究を推進し、これらの研究の成果を活用してスポーツに関する施策の効果的な推進を図るものとする。この場合において、研究体制の整備、国、独立行政法人、大学、スポーツ団体、民間事業者等の間の連携の強化その他の必要な施策を講ずるものとする。

2　国は、我が国のスポーツの推進を図るため、スポーツの実施状況並びに競技水準の向上を図るための調査研究の成果及び取組の状況に関する情報その他のスポーツに関する国の内外の情報の収集、整理及び活用について必要な施策を講ずるものとする。

（学校における体育の充実）

第十七条　国及び地方公共団体は、学校における体育が青少年の心身の健全な発達に資するものであり、かつ、スポーツに関する技能及び生涯にわたってスポーツに親しむ態度を養う上で重要な役割を果たすものであることに鑑み、体育に関する指導の充実、体育館、運動場、水泳プール、武道場その他のスポーツ施設の整備、体育に関する教員の資質の向上、地域におけるスポーツの指導者等の活用その他の必要な施策を講ずるよう努めなければならない。

（スポーツ産業の事業者との連携等）

第十八条　国は、スポーツの普及又は競技水準の向上を図る上でスポーツ産業の事業者が果たす役割の重要性に鑑み、スポーツ団体とスポーツ産業の事業者との連携及び協力の促進その他の必要な施策を講ずるものとする。

（スポーツに係る国際的な交流及び貢献の推進）

第十九条　国及び地方公共団体は、スポーツ選手及び指導者等の派遣及び招へい、スポーツに関する国際団体への人材の派遣、国際競技大会及び国際的な規模のスポーツの研究集会等の開催その他のスポーツに係る国際的な交流及び貢献を推進するために必要な施策を講ずることにより、我が国の競技水準の向上を図るよう努めるとともに、環境の保全に留意しつつ、国際相互理解の増進及び国際平和に寄与するよう努めなければならない。

（顕彰）

第二十条　国及び地方公共団体は、スポーツの競技会において優秀な成績を収めた者及びスポーツの発展に寄与した者の顕彰に努めなければならない。

第二節　多様なスポーツの機会の確保のための環境の整備

(地域におけるスポーツの振興のための事業への支援等)
第二十一条　国及び地方公共団体は、国民がその興味又は関心に応じて身近にスポーツに親しむことができるよう、住民が主体的に運営するスポーツ団体(以下「地域スポーツクラブ」という。)が行う地域におけるスポーツの振興のための事業への支援、住民が安全かつ効果的にスポーツを行うための指導者等の配置、住民が快適にスポーツを行い相互に交流を深めることができるスポーツ施設の整備その他の必要な施策を講ずるよう努めなければならない。

(スポーツ行事の実施及び奨励)
第二十二条　地方公共団体は、広く住民が自主的かつ積極的に参加できるような運動会、競技会、体力テスト、スポーツ教室等のスポーツ行事を実施するよう努めるとともに、地域スポーツクラブその他の者がこれらの行事を実施するよう奨励に努めなければならない。

2　国は、地方公共団体に対し、前項の行事の実施に関し必要な援助を行うものとする。

(体育の日の行事)
第二十三条　国及び地方公共団体は、国民の祝日に関する法律(昭和二十三年法律第百七十八号)第二条に規定する体育の日において、国民の間に広くスポーツについての関心と理解を深め、かつ、積極的にスポーツを行う意欲を高揚するような行事を実施するよう努めるとともに、広く国民があらゆる地域でそれぞれその生活の実情に即してスポーツを行うことができるような行事が実施されるよう、必要な施策を講じ、及び援助を行うよう努めなければならない。

(野外活動及びスポーツ・レクリエーション活動の普及奨励)
第二十四条　国及び地方公共団体は、心身の健全な発達、生きがいのある豊かな生活の実現等のために行われるハイキング、サイクリング、キャンプ活動その他の野外活動及びスポーツとして行われるレクリエーション活動(以下この条において「スポーツ・レクリエーション活動」という。)を普及奨励するため、野外活動又はスポーツ・レクリエーション活動に係るスポーツ施設の整備、住民の交流の場となる行事の実施その他の必要な施策を講ずるよう努めなければならない。

第三節　競技水準の向上等

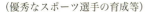

(優秀なスポーツ選手の育成等)
第二十五条　国は、優秀なスポーツ選手を確保し、及び育成するため、スポーツ団体が行う合宿、国際競技大会又は全国的な規模のスポーツの競技会へのスポーツ選手及び指導者等の派遣、優れた資質を有する青少年に対する指導その他の活動への支援、スポーツ選手の競技技術の向上及びその効果の十分な発揮を図る上で必要な環境の整備その他の必要な施策を講ずるものとする。

　2　国は、優秀なスポーツ選手及び指導者等が、生涯にわたりその有する能力を幅広く社会に生かすことができるよう、社会の各分野で活躍できる知識及び技能の習得に対する支援並びに活躍できる環境の整備の促進その他の必要な施策を講ずるものとする。

(国民体育大会及び全国障害者スポーツ大会)
第二十六条　国民体育大会は、公益財団法人日本体育協会(昭和二年八月八日に財団法人大日本体育協会という名称で設立された法人をいう。以下同じ。)、国及び開催地の都道府県が共同して開催するものとし、これらの開催者が定める方法により選出された選手が参加して総合的に運動競技をするものとする。

　2　全国障害者スポーツ大会は、財団法人日本障害者スポーツ協会(昭和四十年五月二十四日に財団法人日本身体障害者スポーツ協会という名称で設立された法人をいう。以下同じ。)、国及び開催地の都道府県が共同して開催するものとし、これらの開催者が定める方法により選出された選手が参加して総合的に運動競技をするものとする。

　3　国は、国民体育大会及び全国障害者スポーツ大会の円滑な実施及び運営に資するため、これらの開催者である公益財団法人日本体育協会又は財団法人日本障害者スポーツ協会及び開催地の都道府県に対し、必要な援助を行うものとする。

(国際競技大会の招致又は開催の支援等)
第二十七条　国は、国際競技大会の我が国への招致又はその開催が円滑になされるよう、環境の保全に留意しつつ、そのための社会的気運の醸成、当該招致又は開催に必要な資金の確保、国際競技大会に参加する外国人の受入れ等に必要な特別の措置を講ずるものとする。

　2　国は、公益財団法人日本オリンピック委員会(平成元年八月七日に財団法人日本オリンピック委員会という名称で設立された法人をいう。)、財団法人日本障害者スポーツ協会その他のスポーツ団体が行う国際的な規模のスポーツの振興

のための事業に関し必要な措置を講ずるに当たっては、当該スポーツ団体との緊密な連絡を図るものとする。

（企業、大学等によるスポーツへの支援）

第二十八条　国は、スポーツの普及又は競技水準の向上を図る上で企業のスポーツチーム等が果たす役割の重要性に鑑み、企業、大学等によるスポーツへの支援に必要な施策を講ずるものとする。

（ドーピング防止活動の推進）

第二十九条　国は、スポーツにおけるドーピングの防止に関する国際規約に従ってドーピングの防止活動を実施するため、公益財団法人日本アンチ・ドーピング機構（平成十三年九月十六日に財団法人日本アンチ・ドーピング機構という名称で設立された法人をいう。）と連携を図りつつ、ドーピングの検査、ドーピングの防止に関する教育及び啓発その他のドーピングの防止活動の実施に係る体制の整備、国際的なドーピングの防止に関する機関等への支援その他の必要な施策を講ずるものとする。

第四章　スポーツの推進に係る体制の整備

（スポーツ推進会議）

第三十条　政府は、スポーツに関する施策の総合的、一体的かつ効果的な推進を図るため、スポーツ推進会議を設け、文部科学省及び厚生労働省、経済産業省、国土交通省その他の関係行政機関相互の連絡調整を行うものとする。

（都道府県及び市町村のスポーツ推進審議会等）

第三十一条　都道府県及び市町村に、地方スポーツ推進計画その他のスポーツの推進に関する重要事項を調査審議させるため、条例で定めるところにより、審議会その他の合議制の機関（以下「スポーツ推進審議会等」という。）を置くことができる。

（スポーツ推進委員）

第三十二条　市町村の教育委員会（特定地方公共団体にあっては、その長）は、当該市町村におけるスポーツの推進に係る体制の整備を図るため、社会的信望があり、スポーツに関する深い関心と理解を有し、及び次項に規定する職務を行うのに必要な熱意と能力を有する者の中から、スポーツ推進委員を委嘱するものとする。

2　スポーツ推進委員は、当該市町村におけるスポーツの推進のため、教育委員会規則（特定地方公共団体にあっては、地方公共団体の規則）の定めるところにより、スポーツの推進のための事業の実施に係る連絡調整並びに住民に対するス

ポーツの実技の指導その他スポーツに関する指導及び助言を行うものとする。
3　スポーツ推進委員は、非常勤とする。

第五章　国の補助等

（国の補助）
第三十三条　国は、地方公共団体に対し、予算の範囲内において、政令で定めるところにより、次に掲げる経費について、その一部を補助する。
　　一　国民体育大会及び全国障害者スポーツ大会の実施及び運営に要する経費であって、これらの開催地の都道府県において要するもの
　　二　その他スポーツの推進のために地方公共団体が行う事業に要する経費であって特に必要と認められるもの
2　国は、学校法人に対し、その設置する学校のスポーツ施設の整備に要する経費について、予算の範囲内において、その一部を補助することができる。この場合においては、私立学校振興助成法（昭和五十年法律第六十一号）第十一条から第十三条までの規定の適用があるものとする。
3　国は、スポーツ団体であってその行う事業が我が国のスポーツの振興に重要な意義を有すると認められるものに対し、当該事業に関し必要な経費について、予算の範囲内において、その一部を補助することができる。

（地方公共団体の補助）
第三十四条　地方公共団体は、スポーツ団体に対し、その行うスポーツの振興のための事業に関し必要な経費について、その一部を補助することができる。

（審議会等への諮問等）
第三十五条　国又は地方公共団体が第三十三条第三項又は前条の規定により社会教育関係団体（社会教育法（昭和二十四年法律第二百七号）第十条に規定する社会教育関係団体をいう。）であるスポーツ団体に対し補助金を交付しようとする場合には、あらかじめ、国にあっては文部科学大臣が第九条第二項の政令で定める審議会等の、地方公共団体にあっては教育委員会（特定地方公共団体におけるスポーツに関する事務（学校における体育に関する事務を除く。）に係る補助金の交付については、その長）がスポーツ推進審議会等その他の合議制の機関の意見を聴かなければならない。この意見を聴いた場合においては、同法第十三条の規定による意見を聴くことを要しない。

2. スポーツ立国戦略の概要

スポーツ立国戦略の概要　文部科学省

I スポーツ立国戦略の目指す姿
～すべての人々にスポーツを！スポーツの楽しみ・感動を分かち、支え合う社会へ～

II 基本的な考え方

1. 人（する人、観る人、支える（育てる）人）
2. 連携・協働の推進
3. すべての人々のスポーツ機会の確保、安全・公正にスポーツを行うことができる環境の整備

III 5つの重点戦略

① ライフステージに応じたスポーツ機会の創造
- 国民の誰もが、それぞれの体力や年齢、技術、興味・目的に応じて、いつでも、どこでも、つまでもスポーツに親しむことができる生涯スポーツ社会を実現する。
- その目標として、できるかぎり早期に、成人週1回以上のスポーツ実施率が3人に2人（65パーセント程度）、成人の週3回以上のスポーツ実施率が3人に1人（30パーセント程度）となることを目指すとともに、学校体育・運動部活動の充実を図る。

② 世界で競い合うトップアスリートの育成・強化
- 世界の強豪国に伍する競技力向上を図るため、それぞれの競技特性に応じた体系的な強化体制を構築する。
- また、オリンピック競技大会では、夏季37位（アテネ）、冬季10位（バンクーバー）を超える目標として過去最多（夏季25（北京）、冬季25（ソルトレーク））のメダル数の獲得を目指す。
- 国際競技大会等を積極的に招致・開催し、競技力向上を含めたスポーツの振興、地域の活性化を図る。
- トップアスリートがジュニア期から引退後まで安心して競技に専念できる環境を整備する。

③ スポーツ界の連携・協働による「好循環」の創出
- トップスポーツと地域スポーツの好循環の創出を目指するため、広域市町村圏（全国300箇所程度）を目安として、拠点となる総合型クラブ（「拠点クラブ」）に優れた指導者を配置する。
- 学校と地域の連携を強化して、人材の好循環を図るため、学校体育・運動部活動で活用する地域のスポーツ人材の拡充を目指す。

④ スポーツ界における透明性や公平・公正性の向上
- スポーツ団体のガバナンスを強化し、団体の管理運営の透明性を高めるとともに、スポーツ紛争の迅速・円滑な解決を支援し、公平・公正なスポーツ界を実現する。
- ドーピングのないクリーンで公正なスポーツ界を実現する。

⑤ 社会全体でスポーツを支える基盤の整備
- 地域スポーツ活動の推進により、「新しい公共」の形成を促すとともに、国民のスポーツへの興味・関心を高めるための国民運動の展開や税制措置等により、社会全体でスポーツを支える基盤を整備する。

IV 法制度・制度・組織・財源などの体制整備

スポーツ基本法、総合的なスポーツ行政体制の検討、スポーツ振興財源の在り方 等

3. 独立行政法人
　　日本スポーツ振興センター法

（平成十四年十二月十三日法律第百六十二号）

最終改正：平成二六年六月一三日法律第六七号

第一章　総則

（目的）

第一条　この法律は、独立行政法人日本スポーツ振興センターの名称、目的、業務の範囲等に関する事項を定めることを目的とする。

（名称）

第二条　この法律及び独立行政法人通則法（平成十一年法律第百三号。以下「通則法」という。）の定めるところにより設立される通則法第二条第一項に規定する独立行政法人の名称は、独立行政法人日本スポーツ振興センターとする。

（センターの目的）

第三条　独立行政法人日本スポーツ振興センター（以下「センター」という。）は、スポーツの振興及び児童、生徒、学生又は幼児（以下「児童生徒等」という。）の健康の保持増進を図るため、その設置するスポーツ施設の適切かつ効率的な運営、スポーツの振興のために必要な援助、小学校、中学校、高等学校、中等教育学校、高等専門学校、特別支援学校又は幼稚園（第十五条第一項第八号を除き、以下「学校」と総称する。）の管理下における児童生徒等の災害に関する必要な給付その他スポーツ及び児童生徒等の健康の保持増進に関する調査研究並びに資料の収集及び提供等を行い、もって国民の心身の健全な発達に寄与することを目的とする。

（事務所）

第四条　センターは、主たる事務所を東京都に置く。

（資本金）

第五条　センターの資本金は、附則第四条第六項の規定により政府から出資があったものとされた金額とする。

2　政府は、必要があると認めるときは、予算で定める金額の範囲内において、センターに追加して出資することができる。この場合において、政府は、当該出資した金額の全部又は一部が第二十七条第一項のスポーツ振興基金に充てるべきものであるときは、その金額を示すものとする。

3　政府は、必要があると認めるときは、前項の規定にかかわらず、土地、建物その他の土地の定着物及びその建物に附属する工作物（第五項において「土地等」という。）を出資の目的として、センターに追加

して出資することができる。
4　センターは、前二項の規定による政府の出資があったときは、その出資額により資本金を増加するものとする。
5　政府が出資の目的とする土地等の価額は、出資の日現在における時価を基準として評価委員が評価した価額とする。
6　評価委員その他前項に規定する評価に関し必要な事項は、政令で定める。

（名称の使用制限）
第六条　センターでない者は、日本スポーツ振興センターという名称を用いてはならない。

第二章　役員

（役員）
第七条　センターに、役員として、その長である理事長及び監事二人を置く。
2　センターに、役員として、第十五条第一項第五号に掲げる業務及びこれに附帯する業務（以下「スポーツ振興投票等業務」という。）を担当する理事一人を置く。
3　センターに、前項に規定する理事のほか、役員として、理事三人以内を置くことができる。

（理事の職務及び権限等）
第八条　理事は、理事長の定めるところにより、理事長を補佐してセンターの業務を掌理する。
2　通則法第十九条第二項の個別法で定める役員は、前条第二項に規定する理事とする。

（理事の任命の特例）
第九条　第七条第二項に規定する理事の任命は、文部科学大臣の認可を受けなければ、その効力を生じない。
2　理事長は、前項の認可を受けたときは、遅滞なく、これを公表しなければならない。
3　第七条第二項に規定する理事の任命に関しては、通則法第二十条第四項の規定は、適用しない。

（役員の任期）
第十条　理事長の任期は四年とし、理事及び監事の任期は二年とする。

（役員の欠格条項の特例）
第十一条　通則法第二十二条の規定にかかわらず、教育公務員で政令で定めるもの（次条各号のいずれかに該当する者を除く。）は、非常勤の理事又は監事となることができる。
第十二条　通則法第二十二条に規定するもののほか、次の各号のいずれかに該当する者は、役員となることができない。
一　禁錮以上の刑に処せられ、その執行を終わり、又は執行を受けることがなくなった日から三年を経過しない者

二　通則法、この法律又はスポーツ振興投票の実施等に関する法律（平成十年法律第六十三号。以下「投票法」という。）の規定により罰金の刑に処せられ、その執行を終わり、又は執行を受けることがなくなった日から三年を経過しない者

三　センターに対する物品の売買、施設の提供若しくは工事の請負を業とする者又はこれらの者が法人であるときはその役員若しくは役員と同等以上の支配力を有する者

（役員の解任の特例）

第十三条　センターの理事長の解任に関する通則法第二十三条第一項の規定の適用については、同項中「前条」とあるのは、「前条及び独立行政法人日本スポーツ振興センター法第十二条」とする。

2　前項の規定は、センターの理事及び監事の解任について準用する。この場合において、同項中「第十二条」とあるのは、「第十一条及び第十二条」と読み替えるものとする。

3　第九条の規定は、第七条第二項に規定する理事の解任について準用する。この場合において、第九条第三項中「通則法第二十条第四項」とあるのは、「通則法第二十三条第四項」と読み替えるものとする。

（役員及び職員の地位）

第十四条　センターの役員及び職員は、刑法（明治四十年法律第四十五号）その他の罰則の適用については、法令により公務に従事する職員とみなす。

第三章　業務

（業務の範囲）

第十五条　センターは、第三条の目的を達成するため、次の業務を行う。

一　その設置するスポーツ施設及び附属施設を運営し、並びにこれらの施設を利用してスポーツの振興のため必要な業務を行うこと。

二　スポーツ団体（スポーツの振興のための事業を行うことを主たる目的とする団体をいう。）が行う次に掲げる活動に対し資金の支給その他の援助を行うこと。

イ　スポーツに関する競技水準の向上を図るため計画的かつ継続的に行う合宿その他の活動

ロ　国際的又は全国的な規模のスポーツの競技会、研究集会又は講習会の開催

三　優秀なスポーツの選手若しくは指導者が行う競技技術の向上を図るための活動又は優秀なス

ポーツの選手が受ける職業若しくは実際生活に必要な能力を育成するための教育に対し資金の支給その他の援助を行うこと。
四　国際的に卓越したスポーツの活動を行う計画を有する者が行うその活動に対し資金の支給その他の援助を行うこと。
五　投票法に規定する業務を行うこと。
六　スポーツを行う者の権利利益の保護、心身の健康の保持増進及び安全の確保に関する業務、スポーツにおけるドーピングの防止活動の推進に関する業務その他のスポーツに関する活動が公正かつ適切に実施されるようにするため必要な業務を行うこと。
七　学校の管理下における児童生徒等の災害（負傷、疾病、障害又は死亡をいう。以下同じ。）につき、当該児童生徒等の保護者（学校教育法（昭和二十二年法律第二十六号）第十六条に規定する保護者をいい、同条に規定する保護者のない場合における里親（児童福祉法（昭和二十二年法律第百六十四号）第二十七条第一項第三号の規定により委託を受けた里親をいう。）その他の政令で定める者を含む。以下同じ。）又は当該児童生徒等のうち生徒若しくは学生が成年に達している場合にあっては当該生徒若しくは学生その他政令で定める者に対し、災害共済給付（医療費、障害見舞金又は死亡見舞金の支給をいう。以下同じ。）を行うこと。
八　スポーツ及び学校安全（学校（学校教育法第一条に規定する学校をいう。以下この号において同じ。）における安全教育及び安全管理をいう。）その他の学校における児童生徒等の健康の保持増進に関する国内外における調査研究並びに資料の収集及び提供を行うこと。
九　前号に掲げる業務に関連する講演会の開催、出版物の刊行その他普及の事業を行うこと。
十　前各号に掲げる業務に附帯する業務を行うこと。
2　センターは、前項に規定する業務のほか、当該業務の遂行に支障のない範囲内で、同項第一号に掲げる施設を一般の利用に供する業務を行うことができる。

（災害共済給付及び免責の特約）

第十六条　災害共済給付は、学校の管理下における児童生徒等の災害につき、学校の設置者が、児童生徒等の保護者（児童生徒等のうち生徒又は学生

が成年に達している場合にあっては当該生徒又は学生。次条第四項において同じ。）の同意を得て、当該児童生徒等についてセンターとの間に締結する災害共済給付契約により行うものとする。

2　前項の災害共済給付契約に係る災害共済給付の給付基準、給付金の支払の請求及びその支払並びに学校の管理下における児童生徒等の災害の範囲については、政令で定める。

3　第一項の災害共済給付契約には、学校の管理下における児童生徒等の災害について学校の設置者の損害賠償責任が発生した場合において、センターが災害共済給付を行うことによりその価額の限度においてその責任を免れさせる旨の特約（以下「免責の特約」という。）を付することができる。

4　センターは、政令で定める正当な理由がある場合を除いては、第一項の規定により同項の災害共済給付契約を締結すること及び前項の規定により免責の特約を付することを拒んではならない。

（共済掛金）

第十七条　災害共済給付に係る共済掛金の額は、政令で定める額とする。

2　前条第三項の規定により同条第一項の災害共済給付契約に免責の特約を付した場合には、前項の規定にかかわらず、同項の額に政令で定める額を加えた額をもって同項の共済掛金の額とする。

3　センターとの間に前条第一項の災害共済給付契約を締結した学校の設置者は、政令で定めるところにより、第一項の共済掛金の額に当該災害共済給付契約に係る児童生徒等の数を乗じて得た額をセンターに対して支払わなければならない。

4　前項の学校の設置者は、当該災害共済給付契約に係る児童生徒等の保護者から、第一項の共済掛金の額（第二項の場合にあっては、同項の政令で定める額を控除した額）のうち政令で定める範囲内で当該学校の設置者の定める額を徴収する。ただし、当該保護者が経済的理由によって納付することが困難であると認められるときは、これを徴収しないことができる。

5　センターは、学校の設置者が第三項の規定による共済掛金を支払わない場合においては、政令で定めるところにより、当該災害共済給付契約に係る災害共済給付を行わないものとする。

（国の補助がある場合の共済掛金の支払）

第十八条　センターが第二十九条第二項の規定により補助金の交付を受けた

場合において、学校のうち公立の義務教育諸学校（小学校、中学校、中等教育学校の前期課程又は特別支援学校の小学部若しくは中学部をいう。以下同じ。）の設置者が前条第三項の規定による支払をしていないときは、同項の規定によりその公立の義務教育諸学校の設置者が支払う額は、同項の額から政令で定める額を控除した額とし、同項の規定による支払をしているときは、センターは、当該政令で定める額をその公立の義務教育諸学校の設置者に返還しなければならない。

（スポーツ振興投票券の発売等の運営費の制限）

第十九条　次に掲げる業務に係る運営費の金額は、スポーツ振興投票券の発売金額に応じて当該発売金額の百分の十五を超えない範囲内において文部科学省令で定める金額（スポーツ振興投票券の発売金額が文部科学省令で定める金額に達しない場合にあっては、文部科学省令で定める期間内に限り、別に文部科学省令で定める金額）を超えてはならない。

　一　スポーツ振興投票券の発売
　二　投票法第十三条の払戻金の交付
　三　投票法第十七条第三項の返還金の交付
　四　前三号に掲げる業務に附帯する業務

（文部科学大臣の命令）

第二十条　文部科学大臣は、この法律及び投票法を施行するため必要があると認めるときは、センターに対して、スポーツ振興投票等業務に関し必要な命令をすることができる。

第四章　財務及び会計

（事業計画等の認可）

第二十一条　センターは、毎事業年度、第十五条第一項に規定する業務のうちスポーツ振興投票等業務に係る事業計画、予算及び資金計画（第三項において「事業計画等」という。）を作成し、当該事業年度の開始前に、文部科学大臣の認可を受けなければならない。これを変更しようとするときも、同様とする。

2　文部科学大臣は、前項の認可をしようとするときは、あらかじめ、審議会等（国家行政組織法（昭和二十三年法律第百二十号）第八条に規定する機関をいう。）で政令で定めるものの意見を聴かなければならない。

3　センターは、第一項の認可を受けたときは、遅滞なく、その事業計画等を公表しなければならない。

4　スポーツ振興投票等業務に関しては、通則法第三十一条の規定は、

適用しない。
(国庫納付金等)
第二十二条　センターは、政令で定めるところにより、投票法第二条に規定するスポーツ振興投票に係る毎事業年度の収益（当該事業年度の次に掲げる金額の合計額からスポーツ振興投票等業務に係る運営費の金額を控除した金額をいう。）の三分の一に相当する金額を、翌事業年度の五月三十一日までに国庫に納付しなければならない。
　　一　投票法第十三条に規定するスポーツ振興投票券の売上金額に一から同条に規定する政令で定める率を控除して得た率を乗じて得た金額
　　二　投票法第十五条第二項の規定によりセンターの収入とされた金額
　　三　投票法第二十条の規定による債権の消滅に係る払戻金等の額
　　四　発売金額のうち次条の規定によりスポーツ振興投票等業務に係る経理について設けられた特別の勘定に属するものの管理により生じた運用利益金に相当する金額
2　センターは、前項に規定する収益から同項の規定により国庫に納付しなければならない金額を控除した金額を、翌事業年度以後の事業年度における投票法第二十一条第一項から第四項までに規定する業務の財源に充てるため、スポーツ振興投票事業準備金として整理しなければならない。この場合において、通則法第四十四条第一項の規定は、適用しない。
(区分経理)
第二十三条　センターは、スポーツ振興投票等業務に係る経理、災害共済給付及びこれに附帯する業務に係る経理並びに免責の特約に係る経理については、その他の経理と区分し、それぞれ特別の勘定（以下それぞれ「投票勘定」、「災害共済給付勘定」及び「免責特約勘定」という。）を設けて整理しなければならない。
(利益及び損失の処理の特例等)
第二十四条　前条に規定する特別の勘定以外の一般の勘定（以下「一般勘定」という。）において、通則法第二十九条第二項第一号に規定する中期目標の期間（以下この条において「中期目標の期間」という。）の最後の事業年度に係る通則法第四十四条第一項又は第二項の規定による整理を行った後、同条第一項の規定による積立金があるときは、その額に相当する金額のうち文部科学大臣の承認を受けた金額を、当該中期目標の期間の次の中期目標の期間に係る通則法第三十条第一項の認可を受けた中期計

画（同項後段の規定による変更の認可を受けたときは、その変更後のもの）の定めるところにより、当該次の中期目標の期間における第十五条第一項第一号から第四号まで、第六号、第八号及び第九号に掲げる業務並びにこれらに附帯する業務の財源に充てることができる。

2　文部科学大臣は、前項の規定による承認をしようとするときは、あらかじめ、文部科学省の独立行政法人評価委員会の意見を聴かなければならない。

3　センターは、第一項に規定する積立金の額に相当する金額から同項の規定による承認を受けた金額を控除してなお残余があるときは、その残余の額を国庫に納付しなければならない。

4　前条に規定する特別の勘定については、通則法第四十四条第一項ただし書、第三項及び第四項の規定は、適用しない。

5　センターは、投票勘定において、通則法第四十四条第一項本文又は第二項の規定による整理を行った後、同条第一項本文の規定による積立金があるときは、その額に相当する金額を、翌事業年度以降のスポーツ振興投票等業務の財源に充てなければならない。

6　センターは、災害共済給付勘定及び免責特約勘定において、中期目標の期間の最後の年度に係る通則法第四十四条第一項本文又は第二項の規定による整理を行った後、同条第一項本文の規定による積立金があるときは、その額に相当する金額を、当該中期目標の期間の次の中期目標の期間における積立金として整理しなければならない。

7　前各項に定めるもののほか、納付金の納付の手続その他積立金の処分に関し必要な事項は、政令で定める。

（長期借入金）

第二十五条　センターは、スポーツ振興投票等業務に必要な費用に充てるため、文部科学大臣の認可を受けて、長期借入金をすることができる。

2　文部科学大臣は、前項の規定による認可をしようとするときは、あらかじめ、文部科学省の独立行政法人評価委員会の意見を聴かなければならない。

（償還計画）

第二十六条　センターは、毎事業年度、長期借入金の償還計画を立てて、文部科学大臣の認可を受けなければならない。

2　文部科学大臣は、前項の規定による認可をしようとするときは、あらかじめ、文部科学省の独立行政法人評価委員会の意見を聴かなけ

ればならない。

(スポーツ振興基金)

第二十七条 センターは、第十五条第一項第二号から第四号までに掲げる業務及びこれらに附帯する業務に必要な経費の財源をその運用によって得るためにスポーツ振興基金(以下「基金」という。)を設け、次に掲げる金額の合計額に相当する金額をもってこれに充てるものとする。

　一　第五条第二項後段の規定により政府が示した金額

　二　附則第四条第十項の規定により政府から出資があったものとされた金額

　三　附則第四条第十項の規定により政府以外の者から出えんがあったものとされた金額

　四　附則第四条第十項の規定により基金に組み入れられたものとされた金額

　五　基金に充てることを条件として政府以外の者から出えんされた金額

　六　投票法第二十一条第四項の規定により基金に組み入れられた金額

2　通則法第四十七条及び第六十七条(第四号に係る部分に限る。)の規定は、基金の運用について準用する。この場合において、通則法第四十七条第三号中「金銭信託」とあるのは、「金銭信託で元本補てんの契約があるもの」と読み替えるものとする。

(補助金等に係る予算の執行の適正化に関する法律の準用)

第二十八条　補助金等に係る予算の執行の適正化に関する法律(昭和三十年法律第百七十九号)の規定(罰則を含む。)は、第十五条第一項第二号から第四号までの規定によりセンターが支給する資金について準用する。この場合において、同法(第二条第七項を除く。)中「各省各庁」とあるのは「独立行政法人日本スポーツ振興センター」と、「各省各庁の長」とあるのは「独立行政法人日本スポーツ振興センターの理事長」と、同法第二条第一項(第二号を除く。)及び第四項、第七条第二項、第十九条第一項及び第二項、第二十四条並びに第三十三条中「国」とあるのは「独立行政法人日本スポーツ振興センター」と、同法第十四条中「国の会計年度」とあるのは「独立行政法人日本スポーツ振興センターの事業年度」と読み替えるものとする。

第五章　雑則

(国の補助)

第二十九条　国は、予算の範囲内において、政令で定めるところにより、災

害共済給付に要する経費の一部をセンターに対して補助することができる。

2 国は、公立の義務教育諸学校の設置者が第十七条第四項ただし書の規定により、児童又は生徒の保護者で次の各号のいずれかに該当するものから同項本文の学校の設置者の定める額を徴収しない場合においては、予算の範囲内において、政令で定めるところにより、センターに対して補助することができる。

一 生活保護法（昭和二十五年法律第百四十四号）第六条第二項に規定する要保護者

二 生活保護法第六条第二項に規定する要保護者に準ずる程度に困窮している者で政令で定めるもの

（学校の設置者が地方公共団体である場合の事務処理）

第三十条 この法律に基づき学校の設置者が処理すべき事務は、学校の設置者が地方公共団体である場合においては、当該地方公共団体の教育委員会が処理するものとする。

（損害賠償との調整）

第三十一条 学校の設置者が国家賠償法（昭和二十二年法律第百二十五号）、民法（明治二十九年法律第八十九号）その他の法律（次項において「国家賠償法等」という。）による損害賠償の責めに任ずる場合において、免責の特約を付した第十六条第一項の災害共済給付契約に基づきセンターが災害共済給付を行ったときは、同一の事由については、当該学校の設置者は、その価額の限度においてその損害賠償の責めを免れる。

2 センターは、災害共済給付を行った場合において、当該給付事由の発生につき、国家賠償法等により損害賠償の責めに任ずる者があるときは、その給付の価額の限度において、当該災害に係る児童生徒等がその者に対して有する損害賠償の請求権を取得する。

（時効）

第三十二条 災害共済給付を受ける権利は、その給付事由が生じた日から二年間行わないときは、時効によって消滅する。

（給付を受ける権利の保護）

第三十三条 災害共済給付を受ける権利は、譲り渡し、担保に供し、又は差し押さえることができない。

（公課の禁止）

第三十四条 租税その他の公課は、災害共済給付として支給を受ける給付金を標準として、課することができない。

（財務大臣との協議）

第三十五条 文部科学大臣は、次の場合

には、あらかじめ、財務大臣に協議しなければならない。
　一　第二十四条第一項の承認をしようとするとき。
　二　第二十五条第一項又は第二十六条第一項の認可をしようとするとき。

（主務大臣等）

第三十六条　センターに係る通則法における主務大臣、主務省及び主務省令は、それぞれ文部科学大臣、文部科学省及び文部科学省令とする。

（国庫納付金の教育事業等に必要な経費への充当）

第三十七条　政府は、第二十二条第一項の規定による国庫納付金の額に相当する金額を、教育及び文化の振興に関する事業、自然環境の保全のための事業、青少年の健全な育成のための事業、スポーツの国際交流に関する事業等の公益の増進を目的とする事業に必要な経費に充てなければならない。

　2　前項の規定の適用については、金額の算出は、各年度において、その年度の予算金額によるものとする。

第三十八条　削除

（国家公務員宿舎法の適用除外）

第三十九条　国家公務員宿舎法（昭和二十四年法律第百十七号）の規定は、センターの役員及び職員には適用しない。

第六章　罰則

第四十条　次の各号のいずれかに該当する場合には、その違反行為をしたセンターの役員は、二十万円以下の過料に処する。
　一　この法律の規定により文部科学大臣の認可又は承認を受けなければならない場合において、その認可又は承認を受けなかったとき。
　二　第十五条に規定する業務以外の業務を行ったとき。
　三　第二十条の規定による文部科学大臣の命令に違反したとき。
　四　第二十七条第二項において準用する通則法第四十七条の規定に違反して基金を運用したとき。

第四十一条　第六条の規定に違反した者は、十万円以下の過料に処する。

4. 独立行政法人日本スポーツ振興センター法施行令

（平成十五年八月八日政令第三百六十九号）
最終改正：平成二六年一二月二四日政令第四一二号

内閣は、独立行政法人日本スポーツ振興センター法（平成十四年法律第百六十二号）第五条第六項、第十五条第一項第六号、第十六条第二項及び第四項（同法附則第八条第二項において準用する場合を含む。）、第十七条（同法附則第八条第二項において準用する場合を含む。）、第十八条、第二十一条第二項、第二十二条第一項、第二十九条 並びに第三十八条並びに附則第四条第三項、第八項及び第十一項の規定に基づき、並びに同法を実施するため、この政令を制定する。

第一章　出資の目的に係る財産の評価

第一条　独立行政法人日本スポーツ振興センター法（以下「法」という。）第五条第五項の評価委員は、必要の都度、次に掲げる者につき文部科学大臣が任命する。

　一　財務省の職員　一人
　二　文部科学省の職員　一人
　三　独立行政法人日本スポーツ振興センター（以下「センター」という。）の役員　一人
　四　学識経験のある者　二人

2　法第五条第五項の規定による評価は、同項の評価委員の過半数の一致によるものとする。

3　法第五条第五項の規定による評価に関する庶務は、文部科学省スポーツ・青少年局スポーツ・青少年企画課において処理する。

第二章　災害共済給付

（児童生徒等の保護者に含まれる者等）

第二条　法第十五条第一項第七号に規定する里親その他の政令で定める者は、里親（同号に規定する里親をいう。以下この条において同じ。）及び里親がない場合において学校（法第三条に規定する学校をいう。以下同じ。）の設置者が当該子女の監護及び教育をしていると認める者とする。

2　法第十五条第一項第七号に規定する生徒又は学生その他政令で定める者は、死亡見舞金の支給の場合における当該生徒又は学生の次に掲げる遺族とする。

　一　父母
　二　祖父母
　三　兄弟姉妹

3　前項に定める者の死亡見舞金を受

ける順位は、同項各号の順序とし、父母については、養父母を先にし、実父母を後にする。
4　生徒又は学生に配偶者又は子があるときは、第二項の規定にかかわらず、法第十五条第一項第七号に規定する生徒又は学生その他政令で定める者は、死亡見舞金の支給の場合における当該配偶者又は子とする。この場合において、これらの者の死亡見舞金を受ける順位は、配偶者を先にする。
5　前三項の規定により死亡見舞金の支給を受けるべき同順位の者が二人以上あるときは、死亡見舞金の支給は、その人数によって等分して行う。

（災害共済給付の給付基準）

第三条　法第十五条第一項第七号に規定する災害共済給付（以下この章において単に「災害共済給付」という。）の給付金の額は、次の各号に掲げる給付の種類ごとに、当該各号に定める額とする。

　一　医療費　次に掲げる額の合算額
　　イ　単位療養（同一の月に一の病院、診療所、薬局その他の者から受けた療養（健康保険法（大正十一年法律第七十号）第六十三条第一項各号に掲げる療養及び同法第八十八条第一項に規定する指定訪問看護をいう。(1)を除き、以下同じ。）をいう。以下この号において同じ。）ごとに、次の(1)又は(2)に掲げる費用について、それぞれ(1)又は(2)に定める方法により算定した額の合計額（ロにおいて「単位療養額」という。）に十分の三を乗じて得た額（その額が、二十五万二千六百円と、その単位療養につき健康保険法施行令（大正十五年勅令第二百四十三号）第四十二条第一項第二号の厚生労働省令で定めるところにより算定した療養に要した費用の額（その額が八十四万二千円に満たないときは、八十四万二千円）から八十四万二千円を控除した額に百分の一を乗じて得た額（この額に一円未満の端数がある場合において、その端数金額が五十銭未満であるときは、これを切り捨て、その端数金額が五十銭以上であるときは、これを一円に切り上げた額）との合算額を超えない範囲内で文部科学省令で定める額を超えるときは、当該文部科学省令で定める額）を合算した額
　　(1)　健康保険法第六十三条第一項各号に掲げる療養に要す

る費用同法第七十六条第二項の規定に基づく厚生労働大臣の定めるところ又は同法第八十六条第二項第一号の規定に基づく厚生労働大臣の定めるところにより算定した額(その額が現に当該療養に要した費用の額を超えるときは、現に当該療養に要した費用の額)。ただし、当該定めがないときは、現に当該療養に要した費用の範囲内でセンターが必要と認めた額とする。
　　　(2)　健康保険法第八十八条第一項に規定する指定訪問看護に要する費用同法第四項の規定に基づく厚生労働大臣の定めるところにより算定した額(その額が現に当該指定訪問看護に要した費用の額を超えるときは、現に当該指定訪問看護に要した費用の額)。ただし、当該定めがないときは、現に当該指定訪問看護に要した費用の範囲内でセンターが必要と認めた額とする。
　　ロ　単位療養額を合算した額の十分の一を超えない範囲内で療養に伴って要する費用として文部科学省令で定める額
　　ハ　療養を受けた月における食事療養(健康保険法第六十三条第二項第一号 に規定する食事療養をいう。)を受けた日数に同法第八十五条第二項に規定する食事療養標準負担額を乗じて得た額
　　ニ　療養を受けた月における生活療養(健康保険法第六十三条第二項第二号 に規定する生活療養をいう。)を受けた日数に同法第八十五条の二第二項に規定する生活療養標準負担額を乗じて得た額
　二　障害見舞金　障害の程度に応じ三千七百七十万円から八十二万円までの範囲(第五条第二項第四号に掲げる場合(これに準ずる場合として同項第五号の文部科学省令で定める場合を含む。次号において同じ。)に係る障害見舞金にあっては、千八百八十五万円から四十一万円までの範囲)内で文部科学省令で定める額
　三　死亡見舞金　二千八百万円(第五条第一項第四号に掲げる死亡(同条第二項第四号に掲げる場合に係るものに限る。)及び同条第一項第五号の文部科学省令で定める死亡に係る死亡見舞金にあっては、千四百万円)
　2　災害共済給付(障害見舞金の支給を除く。)は、同一の負傷又は疾病に関しては、医療費の支給開始後

十年を経過した時以後は、行わない。

3　センターは、災害共済給付の給付事由と同一の事由について、当該災害共済給付に係る児童、生徒、学生又は幼児（以下「児童生徒等」という。）が国家賠償法等（法第三十一条第一項に規定する国家賠償法等をいう。）により損害賠償を受けたときは、その価額の限度において、災害共済給付を行わないことができる。

4　センターは、学校の管理下における児童生徒等の災害（法第十五条第一項第七号に規定する災害をいう。以下同じ。）について、当該児童生徒等が他の法令の規定により国又は地方公共団体の負担において療養若しくは療養費の支給を受け、又は補償若しくは給付を受けたときは、その受けた限度において、災害共済給付を行わない。

5　センターは、非常災害（風水害、震災、事変その他の非常災害であって、当該非常災害が発生した地域の多数の住民が被害を受けたものをいう。）による児童生徒等の災害については、災害共済給付を行わない。

6　センターは、生活保護法（昭和二十五年法律第百四十四号）による保護を受けている世帯に属する義務教育諸学校（法第十八条に規定する義務教育諸学校をいう。以下同じ。）の児童及び生徒（以下「要保護児童生徒」という。）に係る災害については、医療費の支給を行わない。

7　センターは、高等学校（中等教育学校の後期課程及び特別支援学校の高等部を含む。以下同じ。）及び高等専門学校の災害共済給付については、災害共済給付契約に係る生徒又は学生が自己の故意の犯罪行為により、又は故意に、負傷し、疾病にかかり、又は死亡したときは、当該負傷、疾病若しくは死亡又は当該負傷をし、若しくは疾病にかかったことによる障害若しくは死亡に係る災害共済給付を行わない。

8　センターは、高等学校及び高等専門学校の災害共済給付については、災害共済給付契約に係る生徒又は学生が自己の重大な過失により、負傷し、疾病にかかり、又は死亡したときは、当該死亡又は当該負傷をし、若しくは疾病にかかったことによる障害若しくは死亡に係る災害共済給付の一部を行わないことができる。

（給付金の支払の請求及びその支払）

第四条　災害共済給付の給付金の支払の請求は、災害共済給付契約に係る学

校の設置者が行うものとする。

2　前項の規定にかかわらず、災害共済給付契約に係る児童生徒等の保護者（法第十五条第一項第七号に規定する保護者をいう。以下同じ。）又は当該児童生徒等のうち生徒若しくは学生が成年に達している場合にあっては当該生徒若しくは学生は、自ら前項の請求をすることができる。この場合において、当該請求は、当該災害共済給付契約に係る学校の設置者を経由して行うものとする。

3　同一の負傷又は疾病に係る医療費の支給についての支払の請求は、一月ごとに行うものとする。

4　センターは、第一項又は第二項の規定による給付金の支払の請求があったときは、当該請求の内容が適正であるかどうかを審査して、前条に規定するところにより、その支払額を決定するものとする。

5　センターは、前項の規定により支払額を決定したときは、速やかに、次の各号に掲げる区分に従い、当該各号に定める者を通じて、当該各号に定める児童生徒等の保護者又は当該児童生徒等のうち生徒若しくは学生が成年に達している場合にあっては当該生徒若しくは学生に対し、給付金の支払を行うものとする。

一　学校教育法（昭和二十二年法律第二十六号）第二条第二項に規定する国立学校及び国立大学法人法（平成十五年法律第百十二号）第二条第一項に規定する国立大学法人（第十九条第二項において単に「国立大学法人」という。）が設置する幼保連携型認定こども園（就学前の子どもに関する教育、保育等の総合的な提供の推進に関する法律（平成十八年法律第七十七号）第二条第七項に規定する幼保連携型認定こども園をいう。以下同じ。）の児童生徒等の災害に係る給付金の支払　当該学校の校長

二　公立の学校の児童生徒等の災害に係る給付金の支払　当該学校を設置する地方公共団体の教育委員会（幼保連携型認定こども園にあっては、当該地方公共団体の長）

三　私立の学校の児童生徒等の災害に係る給付金の支払　当該学校を設置する学校法人の理事長（学校法人以外の者が設置する学校にあっては、当該学校の設置者が団体であるものについては当該団体の代表者、当該学校の設置者が団体でないものについては当該設置者）

（学校の管理下における災害の範囲）

第五条　災害共済給付に係る災害は、次に掲げるものとする。
　一　児童生徒等の負傷でその原因である事由が学校の管理下において生じたもの。ただし、療養に要する費用が五千円以上のものに限る。
　二　学校給食に起因する中毒その他児童生徒等の疾病でその原因である事由が学校の管理下において生じたもののうち、文部科学省令で定めるもの。ただし、療養に要する費用が五千円以上のものに限る。
　三　第一号の負傷又は前号の疾病が治った場合において存する障害のうち、文部科学省令で定める程度のもの
　四　児童生徒等の死亡でその原因である事由が学校の管理下において生じたもののうち、文部科学省令で定めるもの
　五　前号に掲げるもののほか、これに準ずるものとして文部科学省令で定めるもの
2　前項第一号、第二号及び第四号において「学校の管理下」とは、次に掲げる場合をいう。
　一　児童生徒等が、法令の規定により学校が編成した教育課程に基づく授業を受けている場合
　二　児童生徒等が学校の教育計画に基づいて行われる課外指導を受けている場合
　三　前二号に掲げる場合のほか、児童生徒等が休憩時間中に学校にある場合その他校長の指示又は承認に基づいて学校にある場合
　四　児童生徒等が通常の経路及び方法により通学する場合
　五　前各号に掲げる場合のほか、これらの場合に準ずる場合として文部科学省令で定める場合

（災害共済給付契約等の拒絶理由）
第六条　法第十六条第四項の政令で定める正当な理由は、次に掲げるものとする。
　一　災害共済給付契約を締結する場合において、当該災害共済給付契約の申込みに係る児童生徒等の数が、当該児童生徒等が在学する学校の児童生徒等の総数に比べて著しく少ないこと。
　二　災害共済給付契約を締結する場合において、当該災害共済給付契約の申込みが文部科学省令で定める契約締結期限の経過後に行われること。
　三　免責の特約を付する場合において、災害共済給付契約に係る児童生徒等の一部につき免責の特約を付する申込みが行われること。

（共済掛金の額）

第七条 法第十七条第一項の政令で定める額は、各年度につき、児童生徒等一人当たり、次の各号に掲げる学校の区分に応じ、当該各号に定める額とする。

　一　義務教育諸学校　九百二十円（要保護児童生徒にあっては、四十円）
　二　高等学校　千八百四十円（夜間その他特別の時間又は時期において授業を行う課程において教育を受ける生徒にあっては九百八十円、通信による教育を行う課程において教育を受ける生徒にあっては二百八十円）
　三　高等専門学校　千八百八十円
　四　幼稚園（特別支援学校の幼稚部を含む。以下同じ。）及び幼保連携型認定こども園　二百七十円

（免責の特約を付した場合に共済掛金の額に加える額）

第八条 法第十七条第二項の政令で定める額は、各年度につき、児童生徒等一人当たり二十五円（高等学校の通信による教育を行う課程において教育を受ける生徒にあっては、二円）とする。

（共済掛金の支払の期限）

第九条 法第十七条第三項の規定による共済掛金の支払は、各年度について、五月一日において在籍する児童生徒等（法第十六条第一項の規定による保護者の同意があるものに限る。）の数に基づき、五月三十一日までに行わなければならない。

（学校の設置者が保護者から徴収する額の範囲）

第十条 法第十七条第四項の政令で定める範囲は、次の各号に掲げる学校の区分に応じ、当該各号に定める範囲とする。

　一　義務教育諸学校　十分の四から十分の六まで
　二　高等学校、高等専門学校、幼稚園及び幼保連携型認定こども園　十分の六から十分の九まで

（共済掛金を支払わない場合における災害共済給付）

第十一条 センターは、学校の設置者が第九条に規定する支払期限までに法第十七条第三項の規定による共済掛金を支払わない場合においては、当該支払期限の経過後当該災害共済給付契約に係る年度内に共済掛金を支払った場合における当該支払った日以後当該年度内に発生した児童生徒等の災害に係る災害共済給付を除いては、当該災害共済給付契約に係る災害共済給付を行わない。

（共済掛金の控除額及び返還額）

第十二条 法第十八条の政令で定める額は、公立の義務教育諸学校の設置者

が法第十七条第四項ただし書の規定により児童又は生徒の保護者で法第二十九条第二項各号のいずれかに該当するものから法第十七条第四項本文に規定する学校の設置者の定める額を徴収しない場合における当該徴収しない額の総額の二分の一とする。ただし、小学校及び中学校並びに中等教育学校の前期課程又は特別支援学校の小学部及び中学部の別並びに要保護児童生徒又は準要保護児童生徒(法第二十九条第二項各号に掲げる者に係る児童及び生徒のうち、要保護児童生徒を除いた者をいう。以下同じ。)の別により、それぞれ、共済掛金の額の二分の一に第十八条第二項の規定により当該義務教育諸学校の設置者がセンターから通知を受けた児童及び生徒の数を乗じて得た額の二分の一を限度とする。

(児童生徒等の転学等の場合における特例)

第十三条 災害共済給付契約に係る児童生徒等が転学し、進学し、卒業し、又は退学した場合における第四条第一項、第二項及び第五項並びに第九条の規定の適用について必要な事項は、文部科学省令で定める。

第三章 スポーツ振興投票等業務

(審議会等で政令で定めるもの)

第十四条 法第二十一条第二項の審議会等で政令で定めるものは、中央教育審議会とする。

(国庫納付金の納付の手続)

第十五条 センターは、毎事業年度、法第二十二条第一項の規定に基づいて計算した当該事業年度の国庫納付金の計算書に、当該事業年度末の貸借対照表、当該事業年度の損益計算書その他当該国庫納付金の計算の基礎を明らかにした書類(次項において「添付書類」という。)を添付して、翌事業年度の五月二十日までに、これを文部科学大臣に提出しなければならない。

2 文部科学大臣は、前項に規定する国庫納付金の計算書及び添付書類の提出があったときは、遅滞なく、当該国庫納付金の計算書及び添付書類の写しを財務大臣に送付するものとする。

第四章 国の補助

(災害共済給付に係る国の補助)

第十六条 法第二十九条第一項の規定による災害共済給付に要する経費に係る国の補助は、第五条第二項第一号及び第二号に掲げる場合に係る災害共済給付に要する経費として次の各号に掲げる学校の区分ごとに文部科学大臣が定める額(以下この条に

おいて「補助対象災害共済給付経費」という。）について行うものとし、当該補助の額は、当該学校の区分に応じ、当該各号に定める額とする。
　　一　義務教育諸学校　補助対象災害共済給付経費の三分の一に相当する額
　　二　高等学校、高等専門学校、幼稚園及び幼保連携型認定こども園　補助対象災害共済給付経費のうち文部科学大臣の定める額
（要保護者に準ずる程度に困窮している者）

第十七条　法第二十九条第二項第二号の政令で定める者は、同項の公立の義務教育諸学校の設置者が、生活保護法第六条第二項に規定する要保護者に準ずる程度に困窮していると認める者とする。

2　公立の義務教育諸学校の設置者は、前項に規定する認定を行うため必要があるときは、社会福祉法（昭和二十六年法律第四十五号）に定める福祉に関する事務所の長及び民生委員法（昭和二十三年法律第百九十八号）に定める民生委員に対して助言を求めることができる。

（センターに対する国の補助）

第十八条　法第二十九条第二項の規定による国の補助は、小学校及び中学校並びに中等教育学校の前期課程又は特別支援学校の小学部及び中学部の別並びに要保護児童生徒又は準要保護児童生徒の別により、それぞれ、共済掛金の額の二分の一にセンターが次項の規定により公立の義務教育諸学校の設置者に配分した児童及び生徒の数を乗じて得た額の合計額の二分の一を限度として、公立の義務教育諸学校の設置者が法第十七条第四項ただし書の規定により児童又は生徒の保護者で法第二十九条第二項各号のいずれかに該当するものから法第十七条第四項本文に規定する学校の設置者の定める額を徴収しない場合における当該徴収しない額の合計額の二分の一について行うものとする。

2　センターは、公立の義務教育諸学校の設置者で法第十七条第四項ただし書の規定により前項に規定する児童又は生徒の保護者から同条第四項本文に規定する学校の設置者の定める額を徴収しないものについて、別表に掲げる算式により算定した小学校及び中学校並びに中等教育学校の前期課程又は特別支援学校の小学部及び中学部の児童及び生徒の数を配分し、その配分した数を文部科学大臣及び当該各設置者に通知しなければならない。

第五章　雑則

（学校の設置者が地方公共団体又は国である場合の事務処理）

第十九条　学校の設置者が地方公共団体である場合におけるこの政令に基づいて学校の設置者が処理すべき事務は、当該地方公共団体の教育委員会（幼保連携型認定こども園にあっては、当該地方公共団体の長）が処理するものとする。

2　学校の設置者が国立大学法人又は独立行政法人国立高等専門学校機構である場合における第二条第一項並びに第四条第一項及び第二項の規定に基づいて学校の設置者が処理すべき事務は、当該学校の校長が処理するものとする。

5. 独立行政法人日本スポーツ振興センターに関する省令

（平成十五年十月一日文部科学省令第五十一号）

最終改正：平成二六年一二月二六日文部科学省令第三七号

独立行政法人通則法（平成十一年法律第百三号）、独立行政法人日本スポーツ振興センター法（平成十四年法律第百六十二号）、独立行政法人の組織、運営及び管理に係る共通的な事項に関する政令（平成十二年政令第三百十六号）及び独立行政法人日本スポーツ振興センター法施行令（平成十五年政令第三百六十九号）の規定に基づき、並びにこれらの法律を実施するため、独立行政法人日本スポーツ振興センターに関する省令を次のように定める。

（通則法第八条第三項に規定する主務省令で定める重要な財産）

第一条　独立行政法人日本スポーツ振興センター（以下「センター」という。）に係る独立行政法人通則法（以下「通則法」という。）第八条第三項に規定する主務省令で定める重要な財産は、その保有する財産であって、その通則法第四十六条の二第一項又は第二項の認可に係る申請の日（各項ただし書の場合にあっては、当該財産の処分に関する計画を定めた通則法第三十条第一項の中期計画の認可に係る申請の日）における帳簿価額（現金及び預金にあっては、申請の日におけるその額）が五十万円以上のもの（その性質上通則法第四十六条の二の規定により処分することが不適当なものを除く。）その他文部科学大臣が定める財産とする。

（業務方法書に記載すべき事項）

第一条の二　センターに係る通則法第二十八条第二項の主務省令で定める業務方法書に記載すべき事項は、次のとおりとする。
　一　独立行政法人日本スポーツ振興センター法（以下「法」という。）第十五条第一項第一号に規定する施設の設置及び運営並びにスポーツの振興のため必要な業務に関する事項
　二　法第十五条第一項第二号から第四号までに規定する援助に関する事項
　三　法第十五条第一項第五号に規定するスポーツ振興投票の実施等に関する法律（平成十年法律第六十三号）に規定する業務に関する事項
　四　法第十五条第一項第六号に規定するスポーツに関する活動が公正かつ適切に実施されるようにするため必要な業務に関する事項
　五　法第十五条第一項第七号に規定する災害共済給付に関する事項
　六　法第十五条第一項第八号に規定する調査研究並びに資料の収集及び提供に関する事項
　七　法第十五条第一項第九号に規定する講演会の開催、出版物の刊行その他普及の事業に関する事項
　八　法第十五条第一項第十号に規定する附帯業務に関する事項
　九　法第十五条第二項に規定する施設の供用に関する事項
　十　業務委託の基準
　十一　競争入札その他契約に関する基本的事項
　十二　その他センターの業務の執行に関して必要な事項

（中期計画の作成・変更に係る事項）

第二条　センターは、通則法第三十条第一項の規定により中期計画の認可を受けようとするときは、中期計画を記載した申請書を、当該中期計画の最初の事業年度開始三十日前までに（センターの最初の事業年度の属する中期計画については、センターの成立後遅滞なく）、文部科学大臣に提出しなければならない。

2　センターは、通則法第三十条第一項後段の規定により中期計画の変更の認可を受けようとするときは、変更しようとする事項及びその理由を記載した申請書を文部科学大臣に提出しなければならない。

（中期計画記載事項）

第三条　センターに係る通則法第三十条第二項第七号に規定する主務省令で定める業務運営に関する事項は、次のとおりとする。
　一　施設及び設備に関する計画

二　人事に関する計画
三　中期目標の期間を超える債務負担
四　積立金の使途

（年度計画の作成・変更に係る事項）

第四条　センターに係る通則法第三十一条第一項の年度計画には、中期計画に定めた事項に関し、当該事業年度において実施すべき事項を記載しなければならない。

2　センターは、通則法第三十一条第一項後段の規定により年度計画の変更をしたときは、変更した事項及びその理由を記載した届出書を文部科学大臣に提出しなければならない。

（各事業年度の業務実績の評価に係る事項）

第五条　センターは、通則法第三十二条第一項の規定により各事業年度における業務の実績について独立行政法人評価委員会の評価を受けようとするときは、年度計画に定めた項目ごとにその実績を明らかにした報告書を当該事業年度の終了後三月以内に文部科学省の独立行政法人評価委員会に提出しなければならない。

（中期目標期間終了後の事業報告書の文部科学大臣への提出に係る事項）

第六条　センターに係る通則法第三十三条の事業報告書には、当該中期目標に定めた項目ごとにその実績を明らかにしなければならない。

（中期目標期間の業務の実績の評価に係る事項）

第七条　センターは、通則法第三十四条第一項の規定により各中期目標の期間における業務の実績について独立行政法人評価委員会の評価を受けようとするときは、当該中期目標に定めた項目ごとにその実績を明らかにした報告書を当該中期目標の期間の終了後三月以内に文部科学省の独立行政法人評価委員会に提出しなければならない。

（会計の原則）

第八条　センターの会計については、この省令の定めるところにより、この省令に定めのないものについては、一般に公正妥当と認められる企業会計の基準に従うものとする。

2　金融庁組織令（平成十年政令第三百九十二号）第二十四条第一項に規定する企業会計審議会により公表された企業会計の基準は、前項に規定する一般に公正妥当と認められる企業会計の基準に該当するものとする。

3　平成十一年四月二十七日の中央省庁等改革推進本部決定に基づき行われた独立行政法人の会計に関する研究の成果として公表された基準は、この省令に準ずるものとして、第一項に規定する一般に公正

妥当と認められる企業会計の基準に優先して適用されるものとする。
（会計処理）
第九条 文部科学大臣は、センターが業務のため取得しようとしている償却資産についてその減価に対応すべき収益の獲得が予定されないと認められる場合には、その取得までの間に限り、当該償却資産を指定することができる。

2 前項の指定を受けた資産の減価償却については、減価償却費は計上せず、資産の減価額と同額を資本剰余金に対する控除として計上するものとする。

（対応する収益の獲得が予定されない資産除去債務に係る除去費用等）
第九条の二 文部科学大臣は、センターが業務のため保有し又は取得しようとしている有形固定資産に係る資産除去債務に対応する除去費用に係る費用配分額及び時の経過による資産除去債務の調整額（以下この条において「除去費用等」という。）についてその除去費用等に対応すべき収益の獲得が予定されないと認められる場合には、当該除去費用等を指定することができる。

（譲渡差額を損益計算上の損益に計上しない譲渡取引）
第九条の三 文部科学大臣は、センターが通則法第四十六条の二第二項の規定に基づいて行う不要財産の譲渡取引についてその譲渡差額を損益計算上の損益に計上しないことが必要と認められる場合には、当該譲渡取引を指定することができる。

（財務諸表）
第十条 センターに係る通則法第三十八条第一項に規定する主務省令で定める書類は、キャッシュ・フロー計算書及び行政サービス実施コスト計算書とする。

（財務諸表の閲覧期間）
第十一条 センターに係る通則法第三十八条第四項に規定する主務省令で定める期間は、五年とする。

（短期借入金の認可の申請）
第十二条 センターは、通則法第四十五条第一項ただし書の規定により短期借入金の借入れの認可を受けようとするとき、又は同条第二項ただし書の規定により短期借入金の借換えの認可を受けようとするときは、次に掲げる事項を記載した申請書を文部科学大臣に提出しなければならない。

　一　借入れ又は借換えを必要とする理由
　二　借入れ又は借換えの額
　三　借入先又は借換先
　四　借入れ又は借換えの利率
　五　償還の方法及び期限
　六　利息の支払の方法及び期限
　七　その他必要な事項

（長期借入金の認可の申請）
第十三条 センターは、法第二十五条第一項の規定により長期借入金の借入れの認可を受けようとするときは、次に掲げる事項を記載した申請書を文部科学大臣に提出しなければならない。
　一　借入れを必要とする理由
　二　借入れの額
　三　借入先
　四　借入れの利率
　五　償還の方法及び期限
　六　利息の支払の方法及び期限
　七　その他必要な事項

（償還計画の認可の申請）
第十四条 センターは、法第二十六条第一項の規定により償還計画の認可を受けようとするときは、通則法第三十一条第一項前段の規定により年度計画を届け出た後遅滞なく、次に掲げる事項を記載した申請書を文部科学大臣に提出しなければならない。ただし、償還計画の変更の認可を受けようとするときは、その都度提出しなければならない。
　一　長期借入金の総額及び当該事業年度における借入見込額並びにその借入先
　二　長期借入金の償還の方法及び期限
　三　その他必要な事項

（通則法第四十八条第一項に規定する主務省令で定める重要な財産）
第十五条 センターに係る通則法第四十八条第一項に規定する主務省令で定める重要な財産は、土地及び建物並びに文部科学大臣が指定するその他の財産とする。

（通則法第四十八条第一項に規定する主務省令で定める重要な財産の処分等の認可の申請）
第十六条 センターは、通則法第四十八条第一項の規定により重要な財産を譲渡し、又は担保に供すること（以下この条において「処分等」という。）について認可を受けようとするときは、次に掲げる事項を記載した申請書を文部科学大臣に提出しなければならない。
　一　処分等に係る財産の内容及び評価額
　二　処分等の条件
　三　処分等の方法
　四　センターの業務運営上支障がない旨及びその理由

（資金の繰入れ等）
第十七条 センターは、次の表の上欄に掲げる勘定から下欄に掲げる勘定へ資金を繰り入れる場合を除き、法第二十三条及び第二十四条第一項に規定するそれぞれの勘定からその他の勘定への資金の繰入れをしてはならない。

法第二十三条に規定する投票勘定（以下「投票勘定」という。）	法第二十四条第一項に規定する一般勘定（以下「一般勘定」という。）
法第二十三条に規定する災害共済給付勘定（以下「災害共済給付勘定」という。）	一般勘定
法第二十三条に規定する免責特約勘定（以下「免責特約勘定」という。）	災害共済給付勘定又は一般勘定

2　免責特約勘定から災害共済給付勘定への資金の繰入れは、災害共済給付契約に免責の特約を付した学校（法第三条に規定する学校をいう。以下同じ。）の設置者が法第三十一条第一項の規定により損害賠償の責めを免れることとなる場合に限り、当該損害賠償の責めを免れる額について行うものとする。

3　センターは、法第二十三条の規定により区分して経理する場合において、経理すべき事項が当該経理に係る勘定以外の勘定において経理すべき事項と共通の事項であるため、当該勘定に係る部分を区分して経理することが困難なときは、当該事項については、文部科学大臣の承認を受けて定める基準に従って、事業年度の期間中一括して経理し、当該事業年度の末日現在において各勘定に配分することにより経理することができる。

（経理方法）

第十八条　投票勘定は、その内訳として、センターの行うスポーツ振興投票の実施等に関する法律第二十一条第一項第二号から第四号までに規定する事業に係る経理とその他の業務に係る経理の各経理単位に区分するものとする。

2　一般勘定は、その内訳として、法第十五条第一項第二号から第四号までに規定する業務及びこれらに附帯する業務に係る経理とその他の業務に係る経理の各経理単位に区分するものとする。

（令第三条第一項第一号イの文部科学省令で定める額）

第十九条　独立行政法人日本スポーツ振興センター法施行令（以下「令」という。）第三条第一項第一号イの文部科学省令で定める額は、次項から第十項までに規定する場合を除き、八万百円と、その単位療養につき健康保険法施行令（大正十五年勅令第二百四十三号）第四十二条第一項第一号の厚生労働省令で定めるところにより算定した療養に要した費用の額（その額

が二十六万七千円に満たないときは、二十六万七千円)から二十六万七千円を控除した額に百分の一を乗じて得た額(この額に一円未満の端数がある場合において、その端数金額が五十銭未満であるときは、これを切り捨て、その端数金額が五十銭以上であるときは、これを一円に切り上げた額)との合算額とする。

2　児童、生徒、学生又は幼児(以下「児童生徒等」という。)の学校の管理下における負傷又は疾病につき、健康保険法施行令第四十二条第一項第一号ただし書(同令第四十四条において準用する場合を含む。)、船員保険法施行令(昭和二十八年政令第二百四十号)第九条第一項第一号ただし書、国民健康保険法施行令(昭和三十三年政令第三百六十二号)第二十九条の三第一項第一号ただし書、国家公務員共済組合法施行令(昭和三十三年政令第二百七号)第十一条の三の五第一項第一号ただし書(私立学校教職員共済法施行令(昭和二十八年政令第四百二十五号)第六条において準用する場合を含む。)又は地方公務員等共済組合法施行令(昭和三十七年政令第三百五十二号)第二十三条の三の四第一項第一号ただし書の規定が適用される場合における令第三条第一項第一号イの文部科学省令で定める額は、四万四千四百円とする。

3　児童生徒等の学校の管理下における負傷又は疾病につき、健康保険法施行令第四十二条第一項第二号本文、船員保険法施行令第九条第一項第二号本文、国民健康保険法施行令第二十九条の三第一項第二号本文、国家公務員共済組合法施行令第十一条の三の五第一項第二号本文(私立学校教職員共済法施行令第六条において準用する場合を含む。)又は地方公務員等共済組合法施行令第二十三条の三の四第一項第二号本文の規定が適用される場合における令第三条第一項第一号イの文部科学省令で定める額は、二十五万二千六百円と、その単位療養につき健康保険法施行令第四十二条第一項第二号の厚生労働省令で定めるところにより算定した療養に要した費用の額(その額が八十四万二千円に満たないときは、八十四万二千円)から八十四万二千円を控除した額に百分の一を乗じて得た額(この額に一円未満の端数がある場合において、その端数金額が五十銭未満であるときは、これを切り捨て、その端数金額が五十銭以上であるときは、これを一円に切り上げた額)との合算額とする。

4 児童生徒等の学校の管理下における負傷又は疾病につき、健康保険法施行令第四十二条第一項第二号ただし書、船員保険法施行令第九条第一項第二号ただし書、国民健康保険法施行令第二十九条の三第一項第二号ただし書、国家公務員共済組合法施行令第十一条の三の五第一項第二号ただし書（私立学校教職員共済法施行令第六条において準用する場合を含む。）又は地方公務員等共済組合法施行令第二十三条の三の四第一項第二号ただし書の規定が適用される場合における令第三条第一項第一号イの文部科学省令で定める額は、十四万百円とする。

5 児童生徒等の学校の管理下における負傷又は疾病につき、健康保険法施行令第四十二条第一項第三号 本文、船員保険法施行令第九条第一項第三号 本文、国民健康保険法施行令第二十九条の三第一項第三号 本文、国家公務員共済組合法施行令第十一条の三の五第一項第三号 本文（私立学校教職員共済法施行令第六条 において準用する場合を含む。）又は地方公務員等共済組合法施行令第二十三条の三の四第一項第三号 本文の規定が適用される場合における令第三条第一項第一号 イの文部科学省令で定める額は、十六万七千四百円と、その単位療養につき健康保険法施行令第四十二条第一項第三号 の厚生労働省令で定めるところにより算定した療養に要した費用の額（その額が五十五万八千円に満たないときは、五十五万八千円）から五十五万八千円を控除した額に百分の一を乗じて得た額（この額に一円未満の端数がある場合において、その端数金額が五十銭未満であるときは、これを切り捨て、その端数金額が五十銭以上であるときは、これを一円に切り上げた額）との合算額とする。

6 児童生徒等の学校の管理下における負傷又は疾病につき、健康保険法施行令第四十二条第一項第三号 ただし書、船員保険法施行令第九条第一項第三号 ただし書、国民健康保険法施行令第二十九条の三第一項第三号 ただし書、国家公務員共済組合法施行令第十一条の三の五第一項第三号 ただし書（私立学校教職員共済法施行令第六条 において準用する場合を含む。）又は地方公務員等共済組合法施行令第二十三条の三の四第一項第三号 ただし書の規定が適用される場合における令第三条第一項第一号イの文部科学省令で定める額は、九万三千円とする。

7 児童生徒等の学校の管理下における負傷又は疾病につき、健康保険法施行令第四十二条第一項第四号 本文、船員保険法施行令第九条第一項第四号 本文、国民健康保険法施行令第二十九条の三第一項第四号 本文、国家公務員共済組合法施行令第十一条の三の五第一項第四号 本文（私立学校教職員共済法施行令第六条 において準用する場合を含む。）又は地方公務員等共済組合法施行令第二十三条の三の四第一項第四号 本文の規定が適用される場合における令第三条第一項第一号 イの文部科学省令で定める額は、五万七千六百円とする。

8 児童生徒等の学校の管理下における負傷又は疾病につき、健康保険法施行令第四十二条第一項第四号 ただし書、船員保険法施行令第九条第一項第四号 ただし書、国民健康保険法施行令第二十九条の三第一項第四号 ただし書、国家公務員共済組合法施行令第十一条の三の五第一項第四号 ただし書（私立学校教職員共済法施行令第六条 において準用する場合を含む。）又は地方公務員等共済組合法施行令第二十三条の三の四第一項第四号 ただし書の規定が適用される場合における令第三条第一項第一号 イの文部科学省令で定める額は、四万四千四百円とする。

9 児童生徒等の学校の管理下における負傷又は疾病につき、健康保険法施行令第四十二条第一項第五号本文（同令第四十四条において準用する場合を含む。）、船員保険法施行令第九条第一項第五号本文、国民健康保険法施行令第二十九条の三第一項第五号本文、国家公務員共済組合法施行令第十一条の三の五第一項第五号本文（私立学校教職員共済法施行令第六条において準用する場合を含む。）又は地方公務員等共済組合法施行令第二十三条の三の四第一項第五号本文の規定が適用される場合における令第三条第一項第一号イの文部科学省令で定める額は、三万五千四百円とする。

10 児童生徒等の学校の管理下における負傷又は疾病につき、健康保険法施行令第四十二条第一項第五号ただし書（同令第四十四条において準用する場合を含む。）、船員保険法施行令第九条第一項第五号ただし書、国民健康保険法施行令第二十九条の三第一項第五号ただし書、国家公務員共済組合法施行令第十一条の三の五第一項第五号ただし書（私立学校教職員共済法施行令第六条において準用する場合を含む。）又は地方公務員等共済

組合法施行令第二十三条の三の四第一項第五号ただし書の規定が適用される場合における令第三条第一項第一号イの文部科学省令で定める額は、二万四千六百円とする。

11　前各項の規定にかかわらず、同一の月に健康保険法（大正十一年法律第七十号）、船員保険法（昭和十四年法律第七十三号）、国家公務員共済組合法（昭和三十三年法律第百二十八号）、地方公務員等共済組合法（昭和三十七年法律第百五十二号）若しくは私立学校教職員共済法（昭和二十八年法律第二百四十五号）における同一の被保険者、組合員若しくは加入者の被扶養者である児童生徒等又は国民健康保険法（昭和三十三年法律第百九十二号）における同一の世帯に属する被保険者である児童生徒等の学校の管理下における負傷又は疾病につき、単位療養算定額（令第三条第一項第一号イに規定する単位療養額に十分の三を乗じて得た額をいう。以下この項において同じ。）が二万千円以上のものが二以上ある場合には、当該負傷又は疾病の発生の期日の早いものから順次その順位を付し、第一順位から当該順位までの単位療養算定額を合算して得た額（以下この項において「単位療養算定合算額」という。）が、当該各項に定める額（第一項、第三項及び第五項にあっては、これらの項中「その単位療養」とあるのは「第十一項に規定する単位療養算定額が二万千円以上である二以上の単位療養」と、「算定した」とあるのは「それぞれ算定した」と、「費用の額」とあるのは「費用の額の合算額」と読み替えて、これらの項の規定に準じて算定した額）を超えるときは、当該順位の単位療養算定額に係る文部科学省令で定める額は、単位療養算定合算額と当該各項に定める額との差額に相当する額を、当該順位の単位療養算定額から控除して得た額（その額が零を下回る場合にあっては零）とする。

（令第三条第一項第一号ロの文部科学省令で定める額）

第二十条　令第三条第一項第一号ロの文部科学省令で定める額は、同号イに規定する単位療養額を合算した額に十分の一を乗じて得た額とする。

（障害見舞金の額）

第二十一条　令第三条第一項第二号の文部科学省令で定める額は、別表上欄に定める障害の程度に応じた等級に対応する同表中欄に定める額（令第五条第二項第四号に掲げる場合及び第二十六条第二号に掲げる場合に係る障害にあっては、その額に二分の一を乗じて得た額）とする。

2　別表下欄に定める程度の障害が二以上ある場合の障害の等級は、重い障害に応ずる等級による。

3　次に掲げる場合の障害の等級は、次の各号のうち最も有利なものによる。
　一　第十三級以上に該当する障害が二以上ある場合には、前項の規定による等級の一級上位の等級
　二　第八級以上に該当する障害が二以上ある場合には、前項の規定による等級の二級上位の等級
　三　第五級以上に該当する障害が二以上ある場合には、前項の規定による等級の三級上位の等級

4　前項の場合の障害見舞金の額は、それぞれの障害に応ずる等級による障害見舞金の額を合算した額を超えてはならない。

5　既に障害のある児童生徒等が令第五条第一項第一号の負傷又は同項第二号の疾病によって、同一部位についての障害の程度を加重した場合の障害見舞金の額は、加重後の障害の等級に応ずる障害見舞金の額から加重前の障害の等級に応ずる障害見舞金の額を差し引いた額とする。

（令第五条第一項第二号の文部科学省令で定める疾病）

第二十二条　令第五条第一項第二号の児童生徒等の疾病でその原因である事由が学校の管理下において生じたもののうち文部科学省令で定めるものは、次に掲げるものとする。
　一　家庭科若しくは技術・家庭科の調理実習における試食又は修学旅行若しくは遠足における給食に起因する中毒及び理科等の実験又は実習におけるガス等による中毒
　二　熱中症
　三　溺水及びこれに起因する嚥下性肺炎
　四　異物の嚥下又は迷入及びこれらに起因する疾病
　五　漆等による皮膚炎
　六　前各号に掲げる疾病に準ずるものと認められる疾病のうち特にセンターが認めたもの
　七　外部衝撃、急激な運動若しくは相当の運動量を伴う運動又は心身に対する負担の累積に起因することが明らかであると認められる疾病のうち特にセンターが認めたもの
　八　令第五条第一項第一号本文に掲げる負傷に起因することが明らかであると認められる疾病のうち特にセンターが認めたもの

（障害の程度）

第二十三条　令第五条第一項第三号の負傷又は疾病が治った場合において存

する障害のうち文部科学省令で定める程度のものは、別表下欄に定める程度のものとする。
（令第五条第一項第四号の文部科学省令で定める死亡）
第二十四条 令第五条第一項第四号の児童生徒等の死亡でその原因である事由が学校の管理下において生じたもののうち文部科学省令で定めるものは、次に掲げるものとする。
　一　学校給食に起因することが明らかであると認められる死亡
　二　第二十二条に掲げる疾病に直接起因する死亡
　三　前二号に掲げるもののほか、学校の管理下において発生した事件に起因する死亡
（令第五条第一項第五号の文部科学省令で定める死亡）
第二十五条 令第五条第一項第五号の文部科学省令で定める死亡は、次に掲げるものとする。
　一　突然死であってその顕著な徴候が学校の管理下において発生したもの
　二　前号に掲げる突然死に準ずるものとして、特にセンターが認めたもの
（令第五条第二項第五号の文部科学省令で定める場合）
第二十六条 令第五条第二項第五号の文部科学省令で定める場合は、次に掲げる場合とする。
　一　学校の寄宿舎に居住する児童生徒等が、当該寄宿舎にあるとき。
　二　児童生徒等が、学校以外の場所であって令第五条第二項第一号の授業若しくは同項第二号の課外指導が行われる場所（当該場所以外の場所において集合し、又は解散するときは、その場所を含む。）又は前号に規定する寄宿舎と住居との間を、合理的な経路及び方法により往復するとき。
　三　令第三条第七項に規定する高等学校の定時制の課程又は通信制の課程に在学する生徒が、学校教育法（昭和二十二年法律第二十六号）第五十五条（同法第七十条第一項において準用する場合を含む。）の規定により技能教育のための施設で当該施設の所在地の都道府県の教育委員会の指定するものにおいて当該高等学校における教科の一部の履修とみなされる教育を受けているとき。
（災害共済給付契約の契約締結期限）
第二十七条 令第六条第二号の文部科学省令で定める契約締結期限は、各年度について、当該年度の五月三十一日とする。
（児童生徒等の転学等の場合における特

例)
第二十八条 災害共済給付契約に係る児童生徒等の転学、進学、卒業又は退学(以下この条において「転学等」という。)の場合における転学等の前に給付事由が発生した災害共済給付に係る令第四条第一項の給付金の支払の請求は、当該児童生徒等の転学等の前の学校の設置者が行うものとする。ただし、転学等の後の学校の設置者が当該学校の児童生徒等についてセンターと災害共済給付契約を締結しているときは、転学等の後の学校の設置者が行うものとする。

2 災害共済給付契約に係る児童生徒等の転学等の場合における転学等の前に給付事由が発生した災害共済給付に係る令第四条第二項の給付金の支払の請求は、転学等の前の学校の設置者を経由して行うものとする。ただし、転学等の後の学校の設置者が当該学校の児童生徒等についてセンターと災害共済給付契約を締結しているときは、転学等の後の学校の設置者を経由して行うものとする。

3 令第四条第五項の規定による給付金の支払は、第一項本文又は第二項本文の規定による請求があった場合にあっては、転学等の前の学校に係る令第四条第五項に定める者を通じて行うものとし、第一項ただし書又は第二項ただし書の規定による請求があった場合にあっては、転学等の後の学校に係る令第四条第五項に定める者を通じて行うものとする。

4 センターに対し既に共済掛金を支払った学校の設置者の設置する学校に児童生徒等が転学してきた場合における当該児童生徒等に係る当該年度の共済掛金の支払は、翌年度において行うものとする。ただし、当該児童生徒等について、既に当該年度の共済掛金の支払が行われているときは、これを行わないものとする。

(スポーツ振興投票券の発売等の運営費の制限)

第二十九条 法第十九条の百分の十五を超えない範囲内において文部科学省令で定める金額は、毎事業年度の発売金額の総額(以下「発売総額」という。)をそれぞれ次の表の上欄に掲げる金額に区分して、それぞれの金額に同表の下欄に掲げる率を乗じて得た金額を合計した金額(第四項において「通常限度額」という。)とする。

二千億円以下の金額	百分の十五
二千億円を超える金額	百分の十

2 法第十九条の別に文部科学省令で定める金額は、発売総額が二千億

円に達しない事業年度にあっては、発売総額に一からスポーツ振興投票の実施等に関する法律第十三条に規定する政令で定める率を控除して得た率を乗じて得た金額と発売総額の百分の十に相当する金額に百億円を加えた金額のいずれか少ない金額（次項及び第四項において「特例限度額」という。）とする。
3　前項の規定にかかわらず、投票勘定において、通則法第四十四条第二項の規定による繰越欠損金がある事業年度の翌事業年度において、発売総額が千二百億円に達しない場合にあっては、法第十九条の別に文部科学省令で定める金額は、前項に規定する特例限度額に当該繰越欠損金の額を加えた金額とする。
4　スポーツ振興投票の実施等に関する法律第十三条の規定に基づき券面金額が払戻金として交付されることにより、同条の払戻金の総額が配分金額を合計した金額を超えるスポーツ振興投票があるときは、その超える金額の当該事業年度の総額は、法第十九条の運営費として、その総額に達するまで、当該事業年度以降のできるだけ早い事業年度の通常限度額又は特例限度額に加算することができる。ただし、加算後の通常限度額は、発売総額の百分の十五に相当する金額

を超えてはならない。
（積立金の処分に係る申請書の添付書類）
第三十条　センターに係る独立行政法人の組織、運営及び管理に係る共通的な事項に関する政令第五条第二項に規定する文部科学省令で定める書類は、同条第一項に規定する中期目標の期間の最後の事業年度の事業年度末の貸借対照表及び当該年度の損益計算書とする。

6. 食育基本法

（平成十七年六月十七日法律第六十三号）
最終改正：平成二一年六月五日
法律第四九号

前文

　二十一世紀における我が国の発展のためには、子どもたちが健全な心と身体を培い、未来や国際社会に向かって羽ばたくことができるようにするとともに、すべての国民が心身の健康を確保し、生涯にわたって生き生きと暮らすことができるようにすることが大切である。
　子どもたちが豊かな人間性をはぐくみ、生きる力を身に付けていくためには、何よりも「食」が重要である。今、改め

て、食育を、生きる上での基本であって、知育、徳育及び体育の基礎となるべきものと位置付けるとともに、様々な経験を通じて「食」に関する知識と「食」を選択する力を習得し、健全な食生活を実践することができる人間を育てる食育を推進することが求められている。もとより、食育はあらゆる世代の国民に必要なものであるが、子どもたちに対する食育は、心身の成長及び人格の形成に大きな影響を及ぼし、生涯にわたって健全な心と身体を培い豊かな人間性をはぐくんでいく基礎となるものである。

　一方、社会経済情勢がめまぐるしく変化し、日々忙しい生活を送る中で、人々は、毎日の「食」の大切さを忘れがちである。国民の食生活においては、栄養の偏り、不規則な食事、肥満や生活習慣病の増加、過度の痩身志向などの問題に加え、新たな「食」の安全上の問題や、「食」の海外への依存の問題が生じており、「食」に関する情報が社会に氾濫する中で、人々は、食生活の改善の面からも、「食」の安全の確保の面からも、自ら「食」のあり方を学ぶことが求められている。また、豊かな緑と水に恵まれた自然の下で先人からはぐくまれてきた、地域の多様性と豊かな味覚や文化の香りあふれる日本の「食」が失われる危機にある。

　こうした「食」をめぐる環境の変化の中で、国民の「食」に関する考え方を育て、健全な食生活を実現することが求められるとともに、都市と農山漁村の共生・対流を進め、「食」に関する消費者と生産者との信頼関係を構築して、地域社会の活性化、豊かな食文化の継承及び発展、環境と調和のとれた食料の生産及び消費の推進並びに食料自給率の向上に寄与することが期待されている。

　国民一人一人が「食」について改めて意識を高め、自然の恩恵や「食」に関わる人々の様々な活動への感謝の念や理解を深めつつ、「食」に関して信頼できる情報に基づく適切な判断を行う能力を身に付けることによって、心身の健康を増進する健全な食生活を実践するために、今こそ、家庭、学校、保育所、地域等を中心に、国民運動として、食育の推進に取り組んでいくことが、我々に課せられている課題である。さらに、食育の推進に関する我が国の取組が、海外との交流等を通じて食育に関して国際的に貢献することにつながることも期待される。

　ここに、食育について、基本理念を明らかにしてその方向性を示し、国、地方公共団体及び国民の食育の推進に関する取組を総合的かつ計画的に推進するため、この法律を制定する。

第一章　総則

（目的）
第一条　この法律は、近年における国民の食生活をめぐる環境の変化に伴い、

国民が生涯にわたって健全な心身を培い、豊かな人間性をはぐくむための食育を推進することが緊要な課題となっていることにかんがみ、食育に関し、基本理念を定め、及び国、地方公共団体等の責務を明らかにするとともに、食育に関する施策の基本となる事項を定めることにより、食育に関する施策を総合的かつ計画的に推進し、もって現在及び将来にわたる健康で文化的な国民の生活と豊かで活力ある社会の実現に寄与することを目的とする。

（国民の心身の健康の増進と豊かな人間形成）

第二条 食育は、食に関する適切な判断力を養い、生涯にわたって健全な食生活を実現することにより、国民の心身の健康の増進と豊かな人間形成に資することを旨として、行われなければならない。

（食に関する感謝の念と理解）

第三条 食育の推進に当たっては、国民の食生活が、自然の恩恵の上に成り立っており、また、食に関わる人々の様々な活動に支えられていることについて、感謝の念や理解が深まるよう配慮されなければならない。

（食育推進運動の展開）

第四条 食育を推進するための活動は、国民、民間団体等の自発的意思を尊重し、地域の特性に配慮し、地域住民その他の社会を構成する多様な主体の参加と協力を得るものとするとともに、その連携を図りつつ、あまねく全国において展開されなければならない。

（子どもの食育における保護者、教育関係者等の役割）

第五条 食育は、父母その他の保護者にあっては、家庭が食育において重要な役割を有していることを認識するとともに、子どもの教育、保育等を行う者にあっては、教育、保育等における食育の重要性を十分自覚し、積極的に子どもの食育の推進に関する活動に取り組むこととなるよう、行われなければならない。

（食に関する体験活動と食育推進活動の実践）

第六条 食育は、広く国民が家庭、学校、保育所、地域その他のあらゆる機会とあらゆる場所を利用して、食料の生産から消費等に至るまでの食に関する様々な体験活動を行うとともに、自ら食育の推進のための活動を実践することにより、食に関する理解を深めることを旨として、行われなければならない。

（伝統的な食文化、環境と調和した生産等への配意及び農山漁村の活性化と食料自給率の向上への貢献）

第七条 食育は、我が国の伝統のある優れた食文化、地域の特性を生かし

た食生活、環境と調和のとれた食料の生産とその消費等に配意し、我が国の食料の需要及び供給の状況についての国民の理解を深めるとともに、食料の生産者と消費者との交流等を図ることにより、農山漁村の活性化と我が国の食料自給率の向上に資するよう、推進されなければならない。

（食品の安全性の確保等における食育の役割）

第八条 食育は、食品の安全性が確保され安心して消費できることが健全な食生活の基礎であることにかんがみ、食品の安全性をはじめとする食に関する幅広い情報の提供及びこれについての意見交換が、食に関する知識と理解を深め、国民の適切な食生活の実践に資することを旨として、国際的な連携を図りつつ積極的に行われなければならない。

（国の責務）

第九条 国は、第二条から前条までに定める食育に関する基本理念（以下「基本理念」という。）にのっとり、食育の推進に関する施策を総合的かつ計画的に策定し、及び実施する責務を有する。

（地方公共団体の責務）

第十条 地方公共団体は、基本理念にのっとり、食育の推進に関し、国との連携を図りつつ、その地方公共団体の区域の特性を生かした自主的な施策を策定し、及び実施する責務を有する。

（教育関係者等及び農林漁業者等の責務）

第十一条 教育並びに保育、介護その他の社会福祉、医療及び保健（以下「教育等」という。）に関する職務に従事する者並びに教育等に関する関係機関及び関係団体（以下「教育関係者等」という。）は、食に関する関心及び理解の増進に果たすべき重要な役割にかんがみ、基本理念にのっとり、あらゆる機会とあらゆる場所を利用して、積極的に食育を推進するよう努めるとともに、他の者の行う食育の推進に関する活動に協力するよう努めるものとする。

2　農林漁業者及び農林漁業に関する団体（以下「農林漁業者等」という。）は、農林漁業に関する体験活動等が食に関する国民の関心及び理解を増進する上で重要な意義を有することにかんがみ、基本理念にのっとり、農林漁業に関する多様な体験の機会を積極的に提供し、自然の恩恵と食に関わる人々の活動の重要性について、国民の理解が深まるよう努めるとともに、教育関係者等と相互に連携して食育の推進に関する活動を行うよう努めるものとする。

（食品関連事業者等の責務）

第十二条 食品の製造、加工、流通、販

売又は食事の提供を行う事業者及びその組織する団体（以下「食品関連事業者等」という。）は、基本理念にのっとり、その事業活動に関し、自主的かつ積極的に食育の推進に自ら努めるとともに、国又は地方公共団体が実施する食育の推進に関する施策その他の食育の推進に関する活動に協力するよう努めるものとする。

（国民の責務）

第十三条　国民は、家庭、学校、保育所、地域その他の社会のあらゆる分野において、基本理念にのっとり、生涯にわたり健全な食生活の実現に自ら努めるとともに、食育の推進に寄与するよう努めるものとする。

（法制上の措置等）

第十四条　政府は、食育の推進に関する施策を実施するため必要な法制上又は財政上の措置その他の措置を講じなければならない。

（年次報告）

第十五条　政府は、毎年、国会に、政府が食育の推進に関して講じた施策に関する報告書を提出しなければならない。

第二章　食育推進基本計画等

（食育推進基本計画）

第十六条　食育推進会議は、食育の推進に関する施策の総合的かつ計画的な推進を図るため、食育推進基本計画を作成するものとする。

2　食育推進基本計画は、次に掲げる事項について定めるものとする。

一　食育の推進に関する施策についての基本的な方針

二　食育の推進の目標に関する事項

三　国民等の行う自発的な食育推進活動等の総合的な促進に関する事項

四　前三号に掲げるもののほか、食育の推進に関する施策を総合的かつ計画的に推進するために必要な事項

3　食育推進会議は、第一項の規定により食育推進基本計画を作成したときは、速やかにこれを内閣総理大臣に報告し、及び関係行政機関の長に通知するとともに、その要旨を公表しなければならない。

4　前項の規定は、食育推進基本計画の変更について準用する。

（都道府県食育推進計画）

第十七条　都道府県は、食育推進基本計画を基本として、当該都道府県の区域内における食育の推進に関する施策についての計画（以下「都道府県食育推進計画」という。）を作成するよう努めなければならない。

2　都道府県（都道府県食育推進会議が置かれている都道府県にあっ

ては、都道府県食育推進会議)は、都道府県食育推進計画を作成し、又は変更したときは、速やかに、その要旨を公表しなければならない。

(市町村食育推進計画)

第十八条 市町村は、食育推進基本計画(都道府県食育推進計画が作成されているときは、食育推進基本計画及び都道府県食育推進計画)を基本として、当該市町村の区域内における食育の推進に関する施策についての計画(以下「市町村食育推進計画」という。)を作成するよう努めなければならない。

2 市町村(市町村食育推進会議が置かれている市町村にあっては、市町村食育推進会議)は、市町村食育推進計画を作成し、又は変更したときは、速やかに、その要旨を公表しなければならない。

第三章 基本的施策

(家庭における食育の推進)

第十九条 国及び地方公共団体は、父母その他の保護者及び子どもの食に対する関心及び理解を深め、健全な食習慣の確立に資するよう、親子で参加する料理教室その他の食事についての望ましい習慣を学びながら食を楽しむ機会の提供、健康美に関する知識の啓発その他の適切な栄養管理に関する知識の普及及び情報の提供、妊産婦に対する栄養指導又は乳幼児をはじめとする子どもを対象とする発達段階に応じた栄養指導その他の家庭における食育の推進を支援するために必要な施策を講ずるものとする。

(学校、保育所等における食育の推進)

第二十条 国及び地方公共団体は、学校、保育所等において魅力ある食育の推進に関する活動を効果的に促進することにより子どもの健全な食生活の実現及び健全な心身の成長が図られるよう、学校、保育所等における食育の推進のための指針の作成に関する支援、食育の指導にふさわしい教職員の設置及び指導的立場にある者の食育の推進において果たすべき役割についての意識の啓発その他の食育に関する指導体制の整備、学校、保育所等又は地域の特色を生かした学校給食等の実施、教育の一環として行われる農場等における実習、食品の調理、食品廃棄物の再生利用等様々な体験活動を通じた子どもの食に関する理解の促進、過度の痩身又は肥満の心身の健康に及ぼす影響等についての知識の啓発その他必要な施策を講ずるものとする。

(地域における食生活の改善のための取組の推進)

第二十一条 国及び地方公共団体は、地

域において、栄養、食習慣、食料の消費等に関する食生活の改善を推進し、生活習慣病を予防して健康を増進するため、健全な食生活に関する指針の策定及び普及啓発、地域における食育の推進に関する専門的知識を有する者の養成及び資質の向上並びにその活用、保健所、市町村保健センター、医療機関等における食育に関する普及及び啓発活動の推進、医学教育等における食育に関する指導の充実、食品関連事業者等が行う食育の推進のための活動への支援等必要な施策を講ずるものとする。

（食育推進運動の展開）

第二十二条 国及び地方公共団体は、国民、教育関係者等、農林漁業者等、食品関連事業者等その他の事業者若しくはその組織する団体又は消費生活の安定及び向上等のための活動を行う民間の団体が自発的に行う食育の推進に関する活動が、地域の特性を生かしつつ、相互に緊密な連携協力を図りながらあまねく全国において展開されるようにするとともに、関係者相互間の情報及び意見の交換が促進されるよう、食育の推進に関する普及啓発を図るための行事の実施、重点的かつ効果的に食育の推進に関する活動を推進するための期間の指定その他必要な施策を講ずるものとする。

2 国及び地方公共団体は、食育の推進に当たっては、食生活の改善のための活動その他の食育の推進に関する活動に携わるボランティアが果たしている役割の重要性にかんがみ、これらのボランティアとの連携協力を図りながら、その活動の充実が図られるよう必要な施策を講ずるものとする。

（生産者と消費者との交流の促進、環境と調和のとれた農林漁業の活性化等）

第二十三条 国及び地方公共団体は、生産者と消費者との間の交流の促進等により、生産者と消費者との信頼関係を構築し、食品の安全性の確保、食料資源の有効な利用の促進及び国民の食に対する理解と関心の増進を図るとともに、環境と調和のとれた農林漁業の活性化に資するため、農林水産物の生産、食品の製造、流通等における体験活動の促進、農林水産物の生産された地域内の学校給食等における利用その他のその地域内における消費の促進、創意工夫を生かした食品廃棄物の発生の抑制及び再生利用等必要な施策を講ずるものとする。

（食文化の継承のための活動への支援等）

第二十四条 国及び地方公共団体は、伝統的な行事や作法と結びついた食文化、地域の特色ある食文化等我が国の伝統のある優れた食文化の継承を

推進するため、これらに関する啓発及び知識の普及その他の必要な施策を講ずるものとする。

（食品の安全性、栄養その他の食生活に関する調査、研究、情報の提供及び国際交流の推進）

第二十五条　国及び地方公共団体は、すべての世代の国民の適切な食生活の選択に資するよう、国民の食生活に関し、食品の安全性、栄養、食習慣、食料の生産、流通及び消費並びに食品廃棄物の発生及びその再生利用の状況等について調査及び研究を行うとともに、必要な各種の情報の収集、整理及び提供、データベースの整備その他食に関する正確な情報を迅速に提供するために必要な施策を講ずるものとする。

2　国及び地方公共団体は、食育の推進に資するため、海外における食品の安全性、栄養、食習慣等の食生活に関する情報の収集、食育に関する研究者等の国際的交流、食育の推進に関する活動についての情報交換その他国際交流の推進のために必要な施策を講ずるものとする。

第四章　食育推進会議等

（食育推進会議の設置及び所掌事務）

第二十六条　内閣府に、食育推進会議を置く。

2　食育推進会議は、次に掲げる事務をつかさどる。
　一　食育推進基本計画を作成し、及びその実施を推進すること。
　二　前号に掲げるもののほか、食育の推進に関する重要事項について審議し、及び食育の推進に関する施策の実施を推進すること。

（組織）

第二十七条　食育推進会議は、会長及び委員二十五人以内をもって組織する。

（会長）

第二十八条　会長は、内閣総理大臣をもって充てる。

2　会長は、会務を総理する。

3　会長に事故があるときは、あらかじめその指名する委員がその職務を代理する。

（委員）

第二十九条　委員は、次に掲げる者をもって充てる。
　一　内閣府設置法（平成十一年法律第八十九号）第九条第一項に規定する特命担当大臣であって、同項の規定により命を受けて同法第四条第一項第十八号に掲げる事項に関する事務及び同条第三項第二十七号の三に掲げる事務を掌理するもの（次号において「食育担当大臣」という。）
　二　食育担当大臣以外の国務大臣

のうちから、内閣総理大臣が指定する者

三　食育に関して十分な知識と経験を有する者のうちから、内閣総理大臣が任命する者

2　前項第三号の委員は、非常勤とする。

（委員の任期）

第三十条　前条第一項第三号の委員の任期は、二年とする。ただし、補欠の委員の任期は、前任者の残任期間とする。

2　前条第一項第三号の委員は、再任されることができる。

（政令への委任）

第三十一条　この章に定めるもののほか、食育推進会議の組織及び運営に関し必要な事項は、政令で定める。

（都道府県食育推進会議）

第三十二条　都道府県は、その都道府県の区域における食育の推進に関して、都道府県食育推進計画の作成及びその実施の推進のため、条例で定めるところにより、都道府県食育推進会議を置くことができる。

2　都道府県食育推進会議の組織及び運営に関し必要な事項は、都道府県の条例で定める。

（市町村食育推進会議）

第三十三条　市町村は、その市町村の区域における食育の推進に関して、市町村食育推進計画の作成及びその実施の推進のため、条例で定めるところにより、市町村食育推進会議を置くことができる。

2　市町村食育推進会議の組織及び運営に関し必要な事項は、市町村の条例で定める。

7.「スポーツ界における暴力行為根絶宣言」

2013（平成25）年4月25日

【はじめに】

本宣言は、スポーツ界における暴力行為が大きな社会問題となっている今日、スポーツの意義や価値を再確認するとともに、我が国におけるスポーツ界から暴力行為を根絶するという強固な意志を表明するものである。

スポーツは私たち人類が生み出した貴重な文化である。それは自発的な運動の楽しみを基調とし、障がいの有無や年齢、男女の違いを超えて、人々が運動の喜びを分かち合い、感動を共有し、絆（ルビ・きずな）を深めることを可能にする。さらに、次代を担う青少年の生きる力を育むとともに、他者への思いやりや協同精神、公正さや規律を尊ぶ人格を形成する。

殴る、蹴る、突き飛ばすなどの身体的制裁、言葉や態度による人格の否定、脅迫、威圧、いじめや嫌がらせ、さらに、セクシュアルハラスメントなど、これらの暴力行為は、スポーツの価値を否定し、私たちのスポーツそのものを危機にさらす。フェアプレーの精神やヒューマニティーの尊重を根幹とするスポーツの価値とそれらを否定する暴力とは、互いに相いれないものである。暴力行為はたとえどのような理由であれ、それ自体許されないものであり、スポーツのあらゆる場から根絶されなければならない。

しかしながら、極めて残念なことではあるが、我が国のスポーツ界においては、暴力行為が根絶されているとは言い難い現実がある。女子柔道界における指導者による選手への暴力行為が顕在化し、また、学校における運動部活動の場でも、指導者によって暴力行為を受けた高校生が自ら命を絶つという痛ましい事件が起こった。勝利を追求し過ぎる余り、暴力行為を厳しい指導として正当化するような誤った考えは、自発的かつ主体的な営みであるスポーツとその価値に相反するものである。

今こそ、スポーツ界は、スポーツの本質的な意義や価値に立ち返り、スポーツの品位とスポーツ界への信頼を回復するため、ここに、あらゆる暴力行為の根絶に向けた決意を表明する。

【宣言】

現代社会において、スポーツは「する」、「みる」、「支える」などの観点から、多くの人々に親しまれている。さらに21世紀のスポーツは、一層重要な使命を担っている。それは、人と人との絆（ルビ・きずな）を培うスポーツが、人種や思想、信条などの異なる人々が暮らす地域において、公正で豊かな生活の創造に貢献することである。また、身体活動の経験を通して共感の能力を育み、環境や他者への理解を深める機会を提供するスポーツは、環境と共生の時代を生きる現代社会において、私たちのライフスタイルの創造に大きく貢献することができる。さらに、フェアプレーの精神やヒューマニティーの尊重を根幹とするスポーツは、何よりも平和と友好に満ちた世界を築くことに強い力を発揮することができる。

しかしながら、我が国のスポーツ界においては、スポーツの価値を著しく冒瀆（ぼうとく）し、スポーツの使命を破壊する暴力行為が顕在化している現実がある。暴力行為がスポーツを行う者の人権を侵害し、スポーツ愛好者を減少させ、さらにはスポーツの透明性、公正さや公平をむしばむことは自明である。スポーツにおける暴力行為は、人間の尊厳を否定し、指導者とスポーツを行う者、スポーツを行う者相互の信頼関係を根こそぎ崩壊させ、スポーツそのものの存立を否定する、誠

に恥ずべき行為である。

　私たちの愛するスポーツを守り、これからのスポーツのあるべき姿を構築していくためには、スポーツ界における暴力行為を根絶しなければならない。指導者、スポーツを行う者、スポーツ団体及び組織は、スポーツの価値を守り、21世紀のスポーツの使命を果たすために、暴力行為根絶に対する大きな責務を負っている。このことに鑑み、スポーツ界における暴力行為根絶を以下のように宣言する。

一．指導者

　○指導者は、スポーツが人間にとって貴重な文化であることを認識するとともに、暴力行為がスポーツの価値と相反し、人権の侵害であり、全ての人々の基本的権利であるスポーツを行う機会自体を奪うことを自覚する。

　○指導者は、暴力行為による強制と服従では、優れた競技者や強いチームの育成が図れないことを認識し、暴力行為が指導における必要悪という誤った考えを捨て去る。

　○指導者は、スポーツを行う者のニーズや資質を考慮し、スポーツを行う者自らが考え、判断することのできる能力の育成に努力し、信頼関係の下、常にスポーツを行う者とのコミュニケーションを図ることに努める。

　○指導者は、スポーツを行う者の競技力向上のみならず、全人的な発育・発達を支え、21世紀におけるスポーツの使命を担う、フェアプレーの精神を備えたスポーツパーソンの育成に努める。

二．スポーツを行う者

　○スポーツを行う者、とりわけアスリートは、スポーツの価値を自覚し、それを尊重し、表現することによって、人々に喜びや夢、感動を届ける自立的な存在であり、自らがスポーツという世界共通の人類の文化を体現する者であることを自覚する。

　○スポーツを行う者は、いかなる暴力行為も行わず、また黙認せず、自己の尊厳を相手の尊重に委ねるフェアプレーの精神でスポーツ活動の場から暴力行為の根絶に努める。

三．スポーツ団体及び組織

　○スポーツ団体及び組織は、スポーツの文化的価値や使命を認識し、スポーツを行う者の権利・利益の保護、さらには、心身の健全育成及び安全の確保に配慮しつつ、ス

ポーツの推進に主体的に取り組む責務がある。そのため、スポーツにおける暴力行為が、スポーツを行う者の権利・利益の侵害であることを自覚する。

○ スポーツ団体及び組織は、運営の透明性を確保し、ガバナンス強化に取り組むことによって暴力行為の根絶に努める。そのため、スポーツ団体や組織における暴力行為の実態把握や原因分析を行い、組織運営の在り方や暴力行為を根絶するためのガイドライン及び教育プログラム等の策定、相談窓口の設置などの体制を整備する。

スポーツは、青少年の教育、人々の心身の健康の保持増進や生きがいの創出、さらには地域の交流の促進など、人々が健康で文化的な生活を営む上で不可欠のものとなっている。また、オリンピック・パラリンピックに代表される世界的な競技大会の隆盛は、スポーツを通した国際平和や人々の交流の可能性を示している。さらに、オリンピック憲章では、スポーツを行うことは人権の一つであり、フェアプレーの精神に基づく相互理解を通して、いかなる暴力も認めないことが宣言されている。

しかしながら、我が国では、これまでスポーツ活動の場において、暴力行為が存在していた。時と場合によっては、暴力行為が暗黙裏に容認される傾向が存在していたことも否定できない。これまでのスポーツ指導で、ともすれば厳しい指導の下暴力行為が行われていたという事実を真摯に受け止め、指導者はスポーツを行う者の主体的な活動を後押しする重要性を認識し、提示したトレーニング方法が、どのような目的を持ち、どのような効果をもたらすのかについて十分に説明し、スポーツを行う者が自主的にスポーツに取り組めるよう努めなければならない。

したがって、本宣言を通して、我が国の指導者、スポーツを行う者、スポーツ団体及び組織が一体となって、改めて、暴力行為根絶に向けて取り組む必要がある。

スポーツの未来を担うのは、現代を生きる私たちである。こうした自覚の下にスポーツに携わる者は、スポーツの持つ価値を著しく侵害する暴力行為を根絶し、世界共通の人類の文化であるスポーツの伝道者となることが求められる。

【おわりに】

これまで、我が国のスポーツ界において、暴力行為を根絶しようとする取組が行われなかったわけではない。しかし、それらの取組が十分であったとは言い難い。本宣言は、これまでの強い反省に立ち、我が国のスポーツ界が抱えてきた暴

力行為の事実を直視し、強固な意志を持って、いかなる暴力行為とも決別する決意を示すものである。

本宣言は、これまで、あらゆるスポーツ活動の場において、暴力行為からスポーツを行う者を守り、スポーツ界の充実・発展に尽力してきた全てのスポーツ関係者に心より敬意を表するとともに、それらのスポーツ関係者と共に、スポーツを愛し、豊かに育んでいこうとするスポーツへの熱い思いを受け継ぐものである。そして、スポーツを愛する多くの人々とともに、日本体育協会、日本オリンピック委員会、日本障害者スポーツ協会、全国高等学校体育連盟、日本中学校体育連盟は、暴力行為の根絶が、スポーツを愛し、その価値を享受する者が担うべき重要な責務であることを認識し、スポーツ界におけるあらゆる暴力行為の根絶に取り組むことをここに宣言した。

この決意を実現するためには、本宣言をスポーツに関係する諸団体及び組織はもとより、広くスポーツ愛好者に周知するとともに、スポーツ諸団体及び組織は、暴力行為根絶の達成に向けた具体的な計画を早期に策定し、継続的な実行に努めなければならない。

また、今後、国際オリンピック委員会をはじめ世界の関係諸団体及び組織とも連携協力し、グローバルな広がりを展望しつつ、スポーツ界における暴力行為根絶の達成に努めることが求められる。

さらに、こうした努力が継続され、結実されるためには、我が国の政府及び公的諸機関等が、これまでの取組の上に、本宣言の喫緊性、重要性を理解し、スポーツ界における暴力行為根絶に向けて、一層積極的に協力、支援することが望まれる。

最後に、スポーツ活動の場で起きた数々の痛ましい事件を今一度想起するとともに、スポーツ界における暴力行為を許さない強固な意志を示し、あらゆる暴力行為の根絶を通して、スポーツをあまねく人々に共有される文化として発展させていくことをここに誓う。

平成25年4月25日
公益財団法人日本体育協会
公益財団法人日本オリンピック委員会
公益財団法人日本障害者スポーツ協会
公益財団法人全国高等学校体育連盟
公益財団法人日本中学校体育連盟

8. 体罰の禁止及び児童生徒理解に基づく指導の徹底について（通知）

24文科初第1269号
2013（平成25）年3月13日

昨年末、部活動中の体罰を背景とした

高校生の自殺事案が発生するなど、教職員による児童生徒への体罰の状況について、文部科学省としては、大変深刻に受け止めております。体罰は、学校教育法で禁止されている、決して許されない行為であり、平成25年1月23日初等中等教育局長、スポーツ・青少年局長通知「体罰禁止の徹底及び体罰に係る実態把握について」においても、体罰禁止の徹底を改めてお願いいたしました。

懲戒、体罰に関する解釈・運用については、平成19年2月に、裁判例の動向等も踏まえ、「問題行動を起こす児童生徒に対する指導について」(18文科初第1019号 文部科学省初等中等教育局長通知)別紙「学校教育法第11条に規定する児童生徒の懲戒・体罰に関する考え方」を取りまとめましたが、懲戒と体罰の区別等についてより一層適切な理解促進を図るとともに、教育現場において、児童生徒理解に基づく指導が行われるよう、改めて本通知において考え方を示し、別紙において参考事例を示しました。懲戒、体罰に関する解釈・運用については、今後、本通知によるものとします。

また、部活動は学校教育の一環として行われるものであり、生徒をスポーツや文化等に親しませ、責任感、連帯感の涵養（かんよう）等に資するものであるといった部活動の意義をもう一度確認するとともに、体罰を厳しい指導として正当化することは誤りであるという認識を持ち、部活動の指導に当たる教員等は、生徒の心身の健全な育成に資するよう、生徒の健康状態等の十分な把握や、望ましい人間関係の構築に留意し、適切に部活動指導をすることが必要です。

貴職におかれましては、本通知の趣旨を理解の上、児童生徒理解に基づく指導が徹底されるよう積極的に取り組むとともに、都道府県・指定都市教育委員会にあっては所管の学校及び域内の市区町村教育委員会等に対して、都道府県知事にあっては所轄の私立学校に対して、国立大学法人学長にあっては附属学校に対して、構造改革特別区域法第12条第1項の認定を受けた地方公共団体の長にあっては認可した学校に対して、本通知の周知を図り、適切な御指導をお願いいたします。

記

1　体罰の禁止及び懲戒について

体罰は、学校教育法第11条において禁止されており、校長及び教員（以下「教員等」という。）は、児童生徒への指導に当たり、いかなる場合も体罰を行ってはならない。体罰は、違法行為であるのみならず、児童生徒の心身に深刻な悪影響を与え、教員等及び学校への信頼を失墜させる行為である。

体罰により正常な倫理観を養うことはできず、むしろ児童生徒に力による解決

への志向を助長させ、いじめや暴力行為などの連鎖を生む恐れがある。もとより教員等は　指導に当たり、児童生徒一人一人をよく理解し、適切な信頼関係を築くことが重要であり、このために日頃から自らの指導の在り方を見直し、指導力の向上に取り組むことが必要である。懲戒が必要と認める状況においても、決して体罰によることなく、児童生徒の規範意識や社会性の育成を図るよう、適切に懲戒を行い、粘り強く指導することが必要である。

　ここでいう懲戒とは、学校教育法施行規則に定める退学（公立義務教育諸学校に在籍する学齢児童生徒を除く。）、停学（義務教育諸学校に在籍する学齢児童生徒を除く。）、訓告のほか、児童生徒に肉体的苦痛を与えるものでない限り、通常、懲戒権の範囲内と判断されると考えられる行為として、注意、叱責、居残り、別室指導、起立、宿題、清掃、学校当番の割当て、文書指導などがある。

2　懲戒と体罰の区別について

(1) 教員等が児童生徒に対して行った懲戒行為が体罰に当たるかどうかは、当該児童生徒の年齢、健康、心身の発達状況、当該行為が行われた場所的及び時間的環境、懲戒の態様等の諸条件を総合的に考え、個々の事案ごとに判断する必要がある。この際、単に、懲戒行為をした教員等や、懲戒行為を受けた児童生徒・保護者の主観のみにより判断するのではなく、諸条件を客観的に考慮して判断すべきである。

(2) (1)により、その懲戒の内容が身体的性質のもの、すなわち、身体に対する侵害を内容とするもの（殴る、蹴る等）、児童生徒に肉体的苦痛を与えるようなもの（正座・直立等特定の姿勢を長時間にわたって保持させる等）に当たると判断された場合は、体罰に該当する。

3　正当防衛及び正当行為について

(1) 児童生徒の暴力行為等に対しては、毅然とした姿勢で教職員一体となって対応し、児童生徒が安心して学べる環境を確保することが必要である。

(2) 児童生徒から教員等に対する暴力行為に対して、教員等が防衛のためにやむを得ずした有形力の行使は、もとより教育上の措置たる懲戒行為として行われたものではなく、これにより身体への侵害又は肉体的苦痛を与えた場合は体罰には該当しない。また、他の児童生徒に被害を及ぼすような暴力行為に対して、これを制止したり、目前の危険を回避したりするためにやむを得ずした有形力の行使についても、同様に体罰に当たらない。これらの行為については、

正当防衛又は正当行為等として刑事上又は民事上の責めを免れうる。

4 体罰の防止と組織的な指導体制について

(1) 体罰の防止

1. 教育委員会は、体罰の防止に向け、研修の実施や教員等向けの指導資料の作成など、教員等が体罰に関する正しい認識を持つよう取り組むことが必要である。

2. 学校は、指導が困難な児童生徒の対応を一部の教員に任せきりにしたり、特定の教員が抱え込んだりすることのないよう、組織的な指導を徹底し、校長、教頭等の管理職や生徒指導担当教員を中心に、指導体制を常に見直すことが必要である。

3. 校長は、教員が体罰を行うことのないよう、校内研修の実施等により体罰に関する正しい認識を徹底させ、「場合によっては体罰もやむを得ない」などといった誤った考え方を容認する雰囲気がないか常に確認するなど、校内における体罰の未然防止に恒常的に取り組むことが必要である。また、教員が児童生徒への指導で困難を抱えた場合や、周囲に体罰と受け取られかねない指導を見かけた場合には、教員個人で抱え込まず、積極的に管理職や他の教員等へ報告・相談できるようにするなど、日常的に体罰を防止できる体制を整備することが必要である。

4. 教員は、決して体罰を行わないよう、平素から、いかなる行為が体罰に当たるかについての考え方を正しく理解しておく必要がある。また、機会あるごとに自身の体罰に関する認識を再確認し、児童生徒への指導の在り方を見直すとともに、自身が児童生徒への指導で困難を抱えた場合や、周囲に体罰と受け取られかねない指導を見かけた場合には、教員個人で抱え込まず、積極的に管理職や他の教員等へ報告・相談することが必要である。

(2) 体罰の実態把握と事案発生時の報告の徹底

1. 教育委員会は、校長に対し、体罰を把握した場合には教育委員会に直ちに報告するよう求めるとともに、日頃から、主体的な体罰の実態把握に努め、体罰と疑われる事案があった場合には、関係した教員等からの聞き取りのみならず、児童生徒や保護者からの聞き取りや、必要に応じて第三者の協力を得るなど、事実関係の正確な把握に努めることが必要である。あわせて、体罰を行ったと判断された

教員等については、体罰が学校教育法に違反するものであることから、厳正な対応を行うことが必要である。

2. 校長は、教員に対し、万が一体罰を行った場合や、他の教員の体罰を目撃した場合には、直ちに管理職へ報告するよう求めるなど、校内における体罰の実態把握のために必要な体制を整備することが必要である。

また、教員や児童生徒、保護者等から体罰や体罰が疑われる事案の報告・相談があった場合は、関係した教員等からの聞き取りや、児童生徒や保護者からの聞き取り等により、事実関係の正確な把握に努めることが必要である。

加えて、体罰を把握した場合、校長は直ちに体罰を行った教員等を指導し、再発防止策を講じるとともに、教育委員会へ報告することが必要である。

3. 教育委員会及び学校は、児童生徒や保護者が、体罰の訴えや教員等との関係の悩みを相談することができる体制を整備し、相談窓口の周知を図ることが必要である。

5 部活動指導について

(1) 部活動は学校教育の一環であり、体罰が禁止されていることは当然である。成績や結果を残すことのみに固執せず、教育活動として逸脱することなく適切に実施されなければならない。

(2) 他方、運動部活動においては、生徒の技術力・身体的能力、又は精神力の向上を図ることを目的として、肉体的、精神的負荷を伴う指導が行われるが、これらは心身の健全な発達を促すとともに、活動を通じて達成感や、仲間との連帯感を育むものである。ただし、その指導は学校、部活動顧問、生徒、保護者の相互理解の下、年齢、技能の習熟度や健康状態、場所的・時間的環境等を総合的に考えて、適切に実施しなければならない。

指導と称し、部活動顧問の独善的な目的を持って、特定の生徒たちに対して、執拗かつ過度に肉体的・精神的負荷を与える指導は教育的指導とは言えない。

(3) 部活動は学校教育の一環であるため、校長、教頭等の管理職は、部活動顧問に全て委ねることなく、その指導を適宜監督し、教育活動としての使命を守ることが求められる。

別紙（略）

● 初出一覧 ●

第1章　スポーツ基本法の理念を体育・スポーツ指導に活かす
　　　（書き下ろし）

第2章　体育教員・スポーツ部活動指導者の教育責任と法的責任
　　　（『季刊教育法』172号 2012年3月）《加筆》

第3章　体育科教育からのアプローチ
　　　（『季刊教育法』178号 2013年9月）

第4章　日常生活と心身のバランス
　　　（『季刊教育法』173号 2012年6月）《加筆》

第5章　スポーツ選手への栄養・食事指導
　　　（『季刊教育法』174号 2012年9月）《加筆》

第6章　体育・スポーツにおける生理学的指標の活用例
　　　（『季刊教育法』176号 2013年3月）

第7章　スポーツ心理学からのアプローチ
　　　（『季刊教育法』175号 2012年12月）

第8章　セクシュアルハラスメントとスポーツ指導（書き下ろし）

第9章　イギリスのチャイルド・プロテクション制度に倣う体罰
　　　問題への対応のあり方
　　　（『季刊教育法』177号 2013年6月）

第10章　オリンピック・パラリンピック選手への支援の課題
　　　（書き下ろし）

体育・部活動指導の基本原則
――スポーツ基本法の理念を活かす

2015 年 3 月 14 日　初刷発行

編 著 者	入澤　充
著　　者	櫻田淳也・細越淳二・眞鍋知子
	筒井孝子・佐伯徹郎・高井和夫
	山田ゆかり・森　克己・井手裕彦
発 行 者	大塚　智孝
発 行 所	株式会社エイデル研究所
	〒102-0073
	東京都千代田区九段北 4-1-9
	TEL. 03-3234-4641
	FAX. 03-3234-4644

装幀・本文デザイン　株式会社イオック
印刷・製本　シナノ印刷株式会社

©2015, M.Irisawa, J.Sakurada, J.Hosogoe, T.Manabe, T.Tsutsui, T.Saeki, T.Takai, Y.Yamada, K.Mori, H.Ide
Printed in Japan
落丁・乱丁本はお取替えいたします。
定価はカバーに表示してあります。
ISBN978-4-87168-555-9